資産をつくる・殖やす・残すための

不動産を「加工」する技術

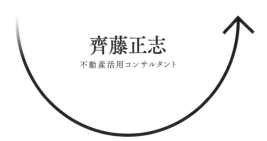

齊藤正志
不動産活用コンサルタント

現代書林

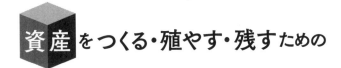

はじめに

「不動産加工」という言葉は私が作った言葉です。

不動産加工とは、不動産を有効活用し再生させることで、より高い価値と収益の好循環を生み、次の世代へも継承できる財産を作ることです。

日本の国土は3779万ヘクタールにもなります。このうち山林2510万ヘクタール（66％）で、農地は478万ヘクタール（13％）、さらに宅地が185万ヘクタール（5％）、その他が606万ヘクタールとなっています。

不動産加工は、これらの国土をトータルに有効に活用していくための考え方で、決して宅地や住居だけに限ったことではありません。

例えば山の自然林を切り開き、新たな植林をする。これは木材としての供給を確保すると同時に、自然環境を守るために行われています。しかし、木材の需要が減ったことにより、自然環境のサイクルが崩壊し始めています。

植林された木は、定期的に間伐することによって、木の成長を健全にしていいます。間伐をしなくなると一本一本の木が細く伸びていき、密集して地表まで太陽の光が届かなくなり、草や木も生えなくなります。土がそのままの状態になります。

その結果、本来であれば草や葉が腐葉土となり保水性を持つことで自然的なダムを形成されるはずが、その機能が働かずに大雨、地震、台風等のときに土砂崩れ等の災害が起きます。

災害で土砂崩れした映像がテレビで映し出されることがありますが、それをよく見てみると、残った木がまさに細く密集しているのが分かります。このような災害をできるだけ防止するために、自然界の管理を充分に行う必要があるのです。

一方、農地に関していえば、最近は耕作放棄地が増えています。農家の後継者不足や農業離れがその原因と言えるでしょう。

また、農地法により農業関連以外の開発ができず、結果的に放棄地となり荒れた状態になっています。荒れ果てた土地を再度もとの農地に戻すには相当の時間と費用がかかるようです。そこで何らかの対策を講じて荒れ地になった土地の改良ができないものかと考えるわけですが、そこには法律の壁があります。

このように放棄地が生まれると、その後、様々な影響が及んできます。そこで黙って見ているのではなく、なんらかの手立てを施す必要が生じてきます。

　さらに空き地や空き家についても同じことが言えます。何も管理しなければ、草が伸び放題になります。空き家にしておくと犯罪に巻き込まれる可能性も高くなり、近隣の人たちに迷惑をかけます。

　さらには、美しい街並みができていた住宅地に、かりに赤や青の原色の家が建てられたら、町の環境にそぐわなくなります。中には芸術的な光景として歓迎する人もいるかもしれませんが、秩序が失われていくことは間違いありません。

　このように不動産を管理せず、やりたい放題にしていると、結局は自分たちの損失としてしっぺ返しを受けます。そこで不動産を加工する技術を駆使して自然を守り、社会の秩序を維持し、そして自分たちの利益につながるようにしなければいけません。これが不動産加工の目的にほかなりません。

　もちろん不動産加工の考えは、自然界や住宅だけに当てはまるものではありません。

　不動産を有効活用するにあたり、建物の新設はもとより、既存建物のさらなる向上をさせるために、高度な不動産加工技術が必要になります。それがアパート、マンションの分譲から大型スーパー、ショッピングセンター等、さらには介護施設等が考えられます。

例えばスーパー等小売業の売り上げは、店舗面積と駐車場と比例して変わると言われています。とかく売上についてはあの手この手と戦略を立てることで伸ばそうとするものですが、支出を抑えることも経営上重要な戦略です。暖房や冷房等の温度設定を少し変えるだけで経費が削減でき、利益率が上がります。

さらに建物に手を加えたり改造することで経費が削減でき、本来の事業利益率が向上します。

一方、暖房や冷房のエネルギー源はどうでしょうか？ガスとか灯油等を電化にすることでイニシャルコストはかかりますが、ランニングコストが大幅に改善されます。実際、コストが3分の1に、あるいは4分の1に下がったという話もあります。

国もエネルギーの削減や環境保護の名目で補助金制度を設けており、それを利用して建物を手直しすることで収益性が良くなることもあります。これも不動産加工といえるでしょう。さらには大型店舗等であれば、屋根にソーラー発電を設けることによりさらなる収益性を高めることができます。既存の建物に何か手を加えることで変化させ、物事を優位な方向へ導くことができるのです。

ただ、注意しなければならないのは、エネルギー源を変えることで常に効率が良くなるとは限らないことです。かえって効率が悪くなることもあります。

それゆえに、不動産加工の際には、十分な検討が必要になります。専門家に相談することが大事です。

私は現役時代にアパートを販売していたのですが、同時に自分自身でもアパートを経営してきました。私の場合、土地も資金もなかったので新築アパートではなく中古アパートを購入して、それを再生しました。

当時、私は中古アパートを購入する際に一つの指針を設けていました。それはメーカーの建物であることや、立地等はよいが入居率が悪い建物等です。

普通に考えたとき、入居率のよくない中古アパートを購入する人はいないわけですが、私の場合は、あえてこのような物件を購入しました。その理由としては、第一に入居率が悪いアパートは、所有者から見ると将来を悲観して、売却しようと考えており、自ら再投資をして再生させようとは考えていないわけですから、安く購入することができるからです。

そして、購入した後、物件に十分に手を加えて、再生し、家賃を安くして入居を募集しました。その結果、すぐに満室にすることができました。ここでのポイントは、安く購入してすぐに改善する。そして安い家賃で提供する。その結果、入居者が入るという原理になります。

もともとの所有者が同じように物件を再生すれば、同じ成果を得られるわけですが、なかなか踏み切れないのが現状です。このように不動産を加工することで、価値が再生され、その不動産が活躍していくわけです。

近年、熟年離婚が多くなってきているようです。もっとも熟年ばかりではなく、結婚して、数ヵ月、数年で離婚するケースも多く、離婚に対してあまりためらいが無いようです。しかし、若い人たちの離婚はともかく、数十年も連れ添った夫婦が離婚するのには勇気がいるものです。

結婚して35年、夫の定年を機に、離婚を決意し、妻から夫へ離婚届を渡され、夫は「ど、どうしてなんだ！」とうろたえてしまいます。

夫は、仕事と称してあまり家庭を顧みなかった。そこで定年を迎え、これからは今までできなかった趣味を思い切ってやり、もう仕事はしないで、自分の好きな生き方をするのだ、と意気込んでいた矢先の離婚届であります。

では、なぜ熟年離婚が多くなってきたのかと考えると、性格の不一致とか相手が嫌いになったとかの理由は別として、今まで夫がせっせと働き給料を持ってきましたが、定年を機にそれがなくなるわけですから、妻から見て夫に対して、もう給料をもってこなくなる価値のない人、つまり、経済的に価値がなくなり、結婚生活を維持する必要がなくなったから離婚という選択肢なのかもしれません。

こうした損得関係を優先した考えは、経済活動の世界では全般的に言える時代なのかもしれません。

「価値と維持」これは絶妙なバランスで成り立っているといっても過言ではありません。価値がなくなると維持ができなくなってしまいます。維持できなくなるものは価値がなくなります。結局、変わらないものはほろびる運命にあります。

昭和40年ごろから始まり、全国に広がったニュータウン。あれから半世紀が過ぎて、ニュータウンはオールドタウンと化しています。

子供たちは皆巣立っていき、新しい家族をつくる。かつて、隆盛を誇り賑《にぎ》やかだった街は、今は年寄りだらけの街になり、空き家も増えてきて、若い人たちが引っ越してきたなどの話も聞かなくなりました。

どんどんと空き家が増える一方です。果たしてこの昔のニュータウンでの再生は可能なのか、という悩みは全国共通です。ひょっとすると、このままいくとゴーストタウン化する可能性も考えられます。当時、土地価格が30万円（／坪）していたものが、今では10万円でも売れるかどうかというような状態です。今後ますます土地価格は下がっていくだろうと予測されます。

まさに、住宅団地に対しての魅力が薄れ、価値が下がり、不動産の価値を維持することが困難になりつつあるのです。

世の中のものはすべてといっていいほど、何か手を加えられた結果、価値が上がり、維持されるものであると考えた場合、前述したオールドタウンは、造った時のままであり、その後、何も手を加えられなかった結果にほかなりません。

今まで不動産については「加工」という言葉は使われてきませんでした。土地に対しては、開発、有効利用、有効活用という言葉が、建物等に対しては、リフォームやリノベーション、あるいは再生等の言葉が使われてきましたが、これらはすべて何らかの手を加える、いわば「加工」にほかなりません。

もしあなたが、自分が所有している不動産を上手に活用したり、価値を維持しながら次世代に継承したいと考えた場合、どこに相談に行きますか？

不動産業者、銀行、税理士、それとも住宅メーカーでしょうか。これらの職種の人たちは各々の専門家ではありますが、総合的にコーディネートしたり不動産加工するというには、他者に依頼するというのが現実です。

一方、住宅メーカーは、様々な分野で専門家を使って、総合的にコンサルしてくれますが、そもそも、自分たちが提案する建物を建ててもらう方向性で最初から結論が決まっています。

こうした状況の下では、私はまず人に依頼する前に、自ら勉強して最低限の知識や、事例の知識を得るのが大切ではないかと思います。相談するのは、次のステップです。

本書では、不動産も、資産も所有しない人が資産を作っていく事例も紹介しています。

不動産も、資産も所有しない人を対象に、不動産加工の概略を述べました。上手な不動産の活用方法から、街づくりの在り方まで、私なりのアイデアを集めてみました。

不動産の活用について知りたい人々を支援したい。そんな思いで、本書を書いてみました、何か一つでもお役に立てるものがあれば幸いです。

２０１７年10月

齊藤正志

目次

第3章 私が販売してきた収益不動産、そして不動産加工を提案

第4章 私が考えている不動産加工

第5章 自分年金について

第6章 不動産を所有する8つの責任

第7章 資金を調達する

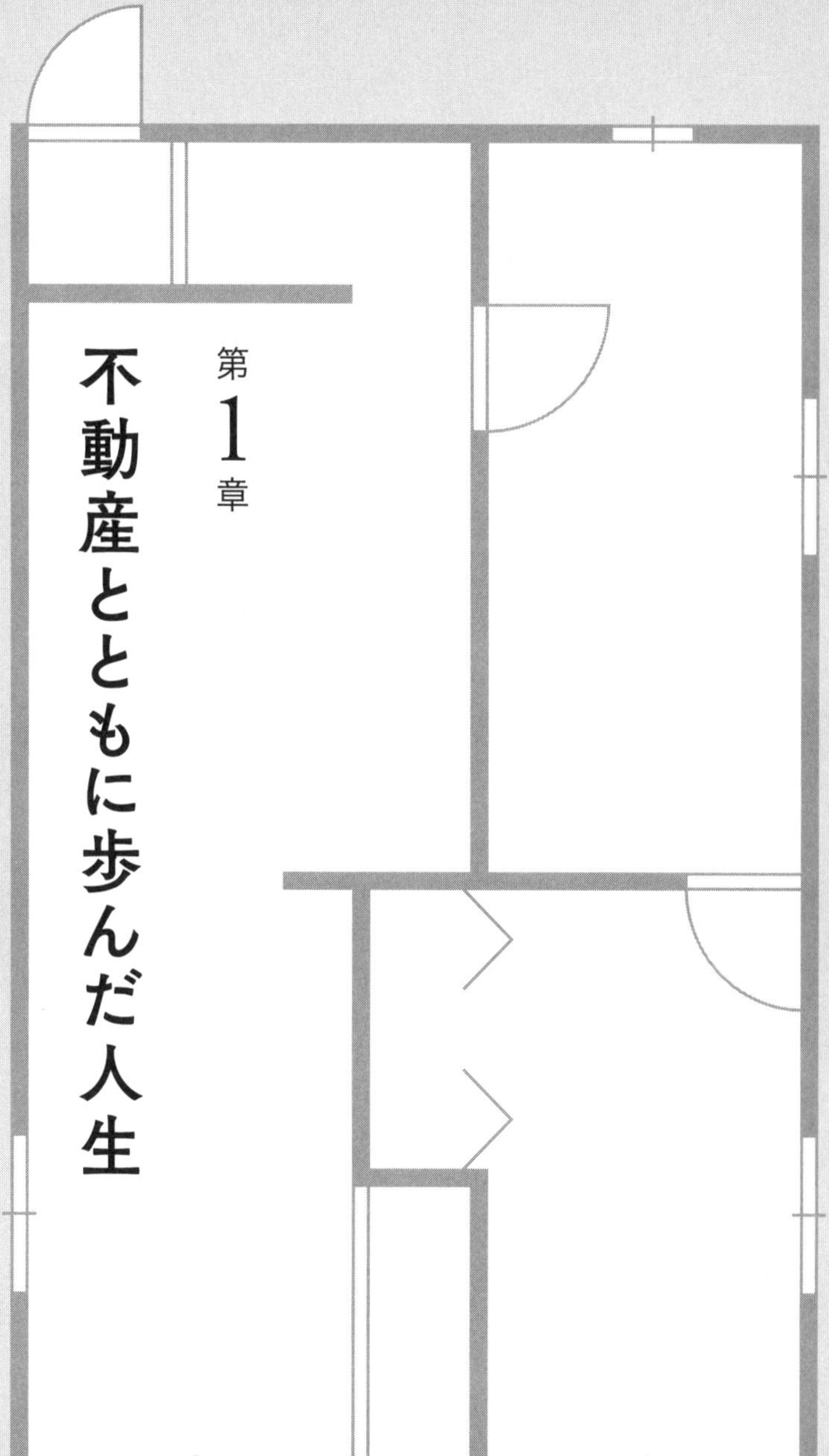

第1章

不動産とともに歩んだ人生

一つの会社で40年

皆さんは、なにか本を買って読もうとするとき、タイトルや内容や作家名など様々な要素を基準にして選ぶと思います。

有名な作家でしたら、特に数行のプロフィールで十分ですが、無名の人であれば、タイトルや、内容で勝負が決まるのではないでしょうか。

有名な作家や、政治家、学者、芸能人、サラリーマン等がどんどん本を出版している中で、私も本書を出版しました。有名人ならいざ知らず、普通の不動産屋のおじさんが出した本ですから、まず、「お前は何者だ」というところから、話を進めていきたいと思います。

私には大きな借金があります。かなり大きな額ですが、ここでは金額は明かしません。この借金は、不動産を所有するにあたっての借金です。また、これらの借金をするには、それなりの理由があり、方法もありました。これらについて、本書でお話をしていきます。

私は、北海道生まれです。地元の高校を卒業し、積水ハウスに入社して、技術職5年、営業職35年、計40年の期間を会社で過ごしました。そして定年の1年前に退職し、現在のサムコーポレーションを立ち上げ、不動産業、介護コンサル、不動産コンサルを主な業務としております。

積水ハウス時代は、住宅、アパート、老人ホーム等の建物の販売をして570棟の引き渡しをしてきました。

一つの会社で40年の期間を過ごしてきて、世の中の変化、会社の成長と変化に直面してきて、いろいろな思いや考え方が固まり、独立をしたわけです。

この40年の間に体験してきた社会の変化については、オイルショック、バブル景気、バブル崩壊、リーマンショック、デフレスパイラル等、近年においては、少子高齢化社会による様々な問題、年金不安、社会保障、消費税引き上げ等キリがないぐらいの40年でした。

積水ハウス時代のこと

私は、積水ハウスに入社して、まず技術系出身のため、設計業務を担当しました。

そこで、様々なことを勉強させていただきました。設計業務はもちろんのこと、現場でのこと、役所の許認可のこと、積算のこと、発注、元受け、下請け等々建築業界、住宅業界を見てきました。その後、営業に転向して2回の転勤を経験して最終的に、現在、居住している岩手県盛岡市で27年間にわたり営業を続けてきました。全国規模の会社で、長期間転勤がないのも住宅メーカーの特徴ですが、転勤する人はかなりいます。2年とか1年とか、ひどいときには3ヵ月や半年で異動している人たちもいました。そのような中で、27年も異動しなかったのはラッキーだったのかもしれません。住宅会社は本来、一つの地域を地盤に営業をします。長くいた方が人脈は広がり、地域のことやつながりにも詳しくなり、有利にできるようになるからです。

その中で、転勤する人は、たいてい二つのタイプがあります。一つはキャリアとして、将来、幹部候補生として、いろいろな地域、人間関係を経験し、さらには実績をつくり上に上がっていくタイプです。もう一つは、なかなか成績が上がらず、転勤させれば、ひょっとしたら変わるのではないかと期待しての転勤（ひょっとしたら、別な思惑があってのことがあるかもしれません）です。

管理職に、なれなかった、ならなかった

誰でも、会社に入社して、組織に属すると、当然ながら上を目指し、課長、支店長、本

部長、役員、社長になりたいと考えます。それがモチベーションとして作用し、能力のアップにつながり、企業を成長させるのです。私も、若かりし頃、そのような淡い夢を持っていたことがあります。しかし、ある時期からそのような考えをなくし、生涯営業に徹するという考えにまとまり、その方向に向かっていきました。組織の中で、上に上がっていくためにはいくつかの条件があります。実績も大事です。社内の人間関係も大事です。さらには上司の「引き」があるか、というのは最も大事です。

上司からの「引き」とは、決して、「よいしょ」の世界ではなく、実績や人間性、上司との関係、さらにその上の上司に対しての対処の仕方等で決まります。上がっていくプロセスがあります。

しかし、相手は人間ですからマニュアルのようにいかず、結構、好き嫌いで人事を決める慣行が横行しているのが現実かもしれません。そんな、いろいろな人間模様を見てきたところ、自分が転勤をせず、安心して同じ地域で営業するためにはどうするべきかと考えていました。そして私は、生涯営業の道を選択しました。

私の場合、上司からの「引き」はあまりなかったと記憶しています。こいつはなかなか面倒くさいやつと思われていたかもしれません。

そこで、私は、転勤をしないために何をしたのか？　それは実績を出すこと、あくまでも安定した数字を出すことです。企業は突発的に大きな数字を挙げて、そのあと、鳴かず飛ばずの営業より、安定した数字を挙げる営業を大切にします。

もう一つは、他の営業や、他の職種ができないような特別でオリジナルなノウハウを持つことをしました。それは後述しますが、自分年金や定期借地権、そして介護事業のノウハウです。もし、私が他へ転勤してしまって、これらのノウハウが流失して混乱すると大変だと思わせれば、転勤等、簡単にさせるわけにはいかなくなります。

さらに、将来、会社を卒業した後、起業をすることを夢見ていたこともあり、もし、営業という職から外れ管理職になった場合、実際に起業した際に、営業の感覚が薄れることを危惧したからです

バブル景気のころ、私は優秀成績社員として表彰されたこともあり、その副賞として海外旅行に行かせていただいたことがあります。約1週間の旅行でしたが、仕事に復帰して元の営業感覚に戻るのが2週間程度かかった記憶があります。やはり営業という職種は常に前線に立たないと感覚が途絶えるものだと思いました。

会社を早期退職

世間では、早期退職して起業して成功している人はたくさんいますから、特に私が早期退職をして起業したことは別に珍しいことではありません。

私は、早期退職して起業するには、いくつかの条件があると考えてきました。一つは、家庭の経済的基盤ができていないといけない。そのために、私は早いうちからアパート経営をしてきました。

私にそれが可能だったのには理由があります。まず第一に、現役中だから銀行から融資が受けることができたのです。経済的基盤がないまま起業したり、退職後に資金調達をしようとする場合は、なかなか銀行からの融資は受けられません。

私が早期退職したもう一つの理由として、私がいつまでもいることが若い人たちの害になるのではないかと考えたからです。当時、私が担当していた介護事業はまだ新しい分野の業務でした。メンバーは、私から見て自分の子供ぐらいの年齢差がありました。当然、私に頼ってきます。私は、ひょっとしたら、それが成長を止めているのではないかと考え、早期退職を決断したのです。

しかし、同時に早く退職して、自分で起業したいという気持ちも強かったと思います。

自分年金という言葉を作った

このような中で住宅会社に勤務して、建物や不動産を扱う仕事で、将来自分のためになることも真剣に考え、実践してきました。本業の仕事であるアパートの販売を広げるために、「自分年金」という言葉を作りました。それまで、一部の資産家中心のアパート販売を、ごく一般の人たちに向けた、「自分年金づくりのためのアパート経営」で新たな販路を明確にしてきたのです。それが二十数年前のことでした。現在、自分年金という言葉は積水ハウスが登録商標として所有しています（当時、私は積水ハウスの社員であったため会社で取得しました）。まだ、年金不安がそれほど騒がれていない時代でした。

当時、私はアパートを販売する担当でした。アパートは大きな地主や区画整理によって急激に資産評価が上がり、相続対策が必要な資産家の方々に対してアパートの販売を主としてきました。もちろん、相続対策ばかりではなく、土地所有者の有効活用や、副収入を得るためや、固定資産税や所得税等の節税や生命保険的な要素等の目的によって建てる人も多くいました。

しかも、主流である相続対策目的のアパートは銀行や税理士等も勧めており、それなりの効果があり、今でも、そのような目的で始める方は多いようです。

そのような中で私は新たな販売戦略として先に記したように「自分年金」づくりを目的としたアパート経営という形で、自ら講師を務め、セミナーを企画したり、勉強会を開催したりしました。その結果、徐々に考えが浸透していきました。「自分年金としてのアパート経営」という考え方が、ごく普通のサラリーマンや、自営業者の人たちに広がり、土地購入や借地でアパートの建築が増えていきました。それが徐々に広がり、全国的に自分年金を目的としたアパート経営が広がっていきました。そして、経済評論家や、ファイナンシャルプランナーの人たちがこぞって「自分年金」の名称を使って本を出していきました。

ちなみにこの自分年金という言葉は現在、不動産分野等で積水ハウスが商標登録をしておりますが、他の分類での内容については商法登録の侵害になりません。しかし、自分が作った言葉が、これほど大きくなるとは思いませんでしたし、一般化したことに満足しています。

ちなみに、このような名称を作ったこと、これによって相応の成果実績があったことで、積水ハウス時代に表彰をいただいたことが、少々の自慢です。

ノウハウは、相続税対策だけではない

不動産活用でアパート経営というと、相続税等の節税対策、というのが代名詞でした。ある程度、資産を持っている人や、区画整理等により不動産評価が高くなり、それに伴う相続税の対策でのアパート経営を勧めるのが一般的でした。その中で一部には、将来の年金目的や、資産形成のために始めた方はいましたが、それは少数派でした。アパートを売る住宅会社側も、「相続税対策でのアパート経営」という企画の方がクライアントに対してインパクトもあり、受注金額も大きく、さらに金融機関からの資金調達も有利に運ぶことができたわけです。一方、年金目的や資産形成でのアパート経営については、前者の真逆で受注金額は小さいし、資金調達にも苦労することから、大半が「相続税対策のアパート経営」の企画にシフトしていました。

銀行や、税理士も一緒にこの方法を勧めていました。しかし、私は、前述のように年金目的や資産形成目的の「自分年金としてのアパート経営」や「定期借地権の活用」、さらには、「介護事業としての土地活用」を並行して進めてきたことで、幅広い土地活用の展開をしてきました。ある程度時代を先取りしてきたのです。現に、アパートの大型受注に

陰りが出てきたとき、最初は皆、あまり関心がなかったのですが、自分年金や、定借、介護事業が、だんだんと注目を集めだし、大きな事業になっていったのです。私自身もアパートの受注が順調なときに、新たな企画を研究、実施していたことで、長く営業の第一線に立てたと思っています。

これらが教訓となり、「不動産加工」という考えが生まれてきました。

第2章

自ら不動産を取得し、不動産加工を実践した

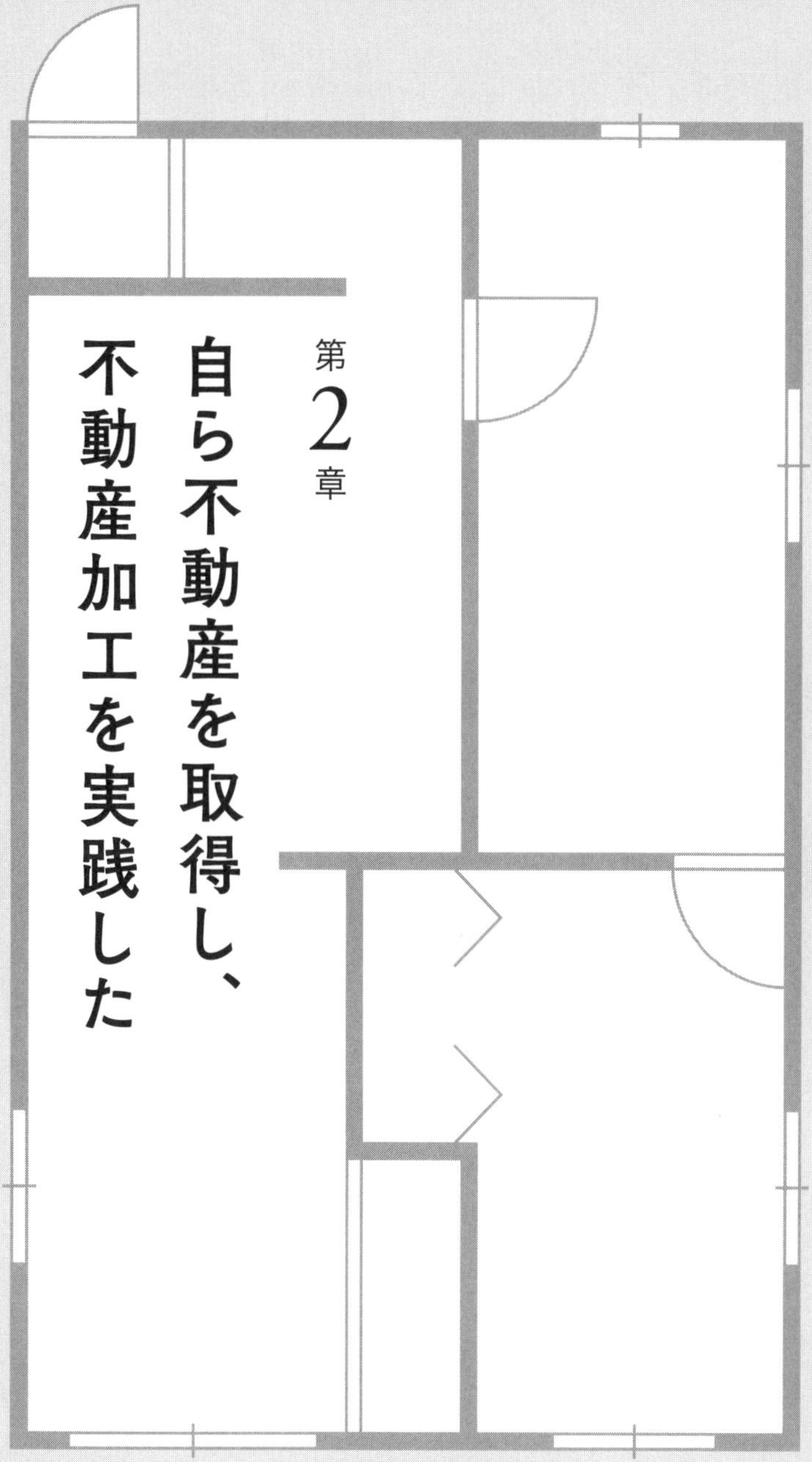

中古アパートの購入・再生

私も自ら実践するという意味で、土地を購入してアパートを建築しようとしましたが、残念ながら、土地建物全額の融資を受けることができませんでした。そこで別の方法を考えるようになりました。それが中古アパートを購入し、再生し、それを経営していくものでした。

またアパートを販売している自分が、新築アパートを建てた場合、かつて私が営業してアパート経営をしている人たちと競合関係になります。しかし、中古アパートであれば、既存の物であるため、大きな競合ということではないと考えました。

では、なぜ中古アパートが売りに出されるのでしょう。それには様々な事情があります。バブル時代に景気の良い会社がアパートを建築して、その後バブル崩壊、会社が倒産してアパートも競売等によって売りに出るケース。新築時から家賃がどんどん下落したり、入居率が低下したりして魅力がなくなり、売りに出されるケース。このような、中古アパートを購入して再生するには、それなりのノウハウが必要です。

これは、20年以上前のことです。世間ではあまり中古アパートの購入などはポピュラーなことではありませんでしたが、一部のセミプロ的な人たちがひそかに中古アパートを購入して、資産を増やしていました。現在は中古アパートの市場は盛んなようですが、意外と水面下で取引されているケースが多いようです。

もっとも広告やインターネットに出す物件は、なかなか売れないので出すのであって、良い物件は広告に出さなくてもすぐ買い手がつくのが現状です。いい物件は広告等に頼らなくても売買が早いようです。そこで、私は自ら中古アパートを購入して、経営を始めました。そのノウハウを社内でメンバーに伝えました。それに刺激を受けたメンバーたちは、次々と自分たちも中古アパートを購入していきました。

中古アパートを購入してアパート経営を始めたメンバーのなかには、その数年後に会社を退職して、その後、賃貸経営だけで生計を立てている人もいます。

当時、私は新築のアパートを販売する担当でしたが、お客様に対しても中古アパートの優位性やメリット、デメリット等を話していました。その話を聞くと、大半の人たちは、ぜひ自分にも良い物件があれば紹介してほしいと頼んできます。

これが実現すると私の本業の新築アパートが売れなくなってしまうことになります。そこで私は自分の体験談を話します。私自身のアパート経営は、できるだけ自分ができることは自分で行うことを信条としています。ですから管理は、業者に頼まず自分で行っています。

例えば、外回りの除草や、植栽の選定等。内部については、シャワートイレの交換、水道蛇口のパッキン交換、網戸の張替え等々。さすがに、クロスの張替えや、大工仕事はできませんが、できることはたいていてい自分でやっています。

また、入居者の家賃滞納の集金や、トラブル、クレーム等の対処は、ほとんど私が出向いて解決しています。先にも記しましたが、これらは私自身の信条で、こだわりの部分です。それがそのアパートと入居者に対しての愛情と自分では思っているから、できるものと考えています。

こんな話を、お客様に中古アパートの話と一緒にしますと、大半のお客様は自分ではそこまではできないといいます。私は、すかさず「だから新築のアパートを勧めているのですよ」と説明しています。新築アパートでは、一括借り上げなど、全部管理会社がやってくれるような形で進めているからです。こうなるとお客様は、大体新築の方へ進んでいきます。

確かに、中古アパートは安く購入できたりしてメリットが多いように見えますが、反面デメリットというものが大きい場合もあるわけで、購入するなら当然ながら責任を持つ覚悟が必要です。

ちなみに、水道のパッキンの交換を業者に依頼すると、約5000円から8000円の費用が請求されます。それを自分で作業すれば、パッキン代は、ホームセンターで、100円／個で購入して、わずか10分程度で完了します。

また、トイレの便座をシャワートイレに交換すると工事費だけで7000円から1万円の費用が掛かりますが、私が取り付ければタダでできます。

このようなことで、アパート経営としても、あくまでも経営という考え方は必要なものだと考えています。

なぜ中古物件として売却しようとするか？

不動産を所有している人が、不動産を売却するにはそれなりの理由があります。

税金を納めるための資金として、土地を売って、住宅を建てる人。農業に見切りをつけて、農地を売却して、その資金でアパート等の収益物件を作る人。さらには、その土地をどうしてもほしいからと懇願されて売却する等、様々な事情で売買が成立しています。

その中で、アパートを売却する事例を考えてみます。

所有しているアパートの家賃の下落や入居率の低下、長期間所有していると、メンテナンス費用がかさんできます。所有者は将来に向けて、このまま所有し続けると、採算が合わなくなる可能性があるのではないかと考え、早く売り払って逃げ切ろうと考えるからです。

これが、物件を売る側の心理です。

ここからは、生々しい話になりますが、購入者側はできるだけ安価で購入したいわけですから、様々な駆け引きや、差し値等をして交渉をするわけですが、あまり「がつがつ」していると、売り手に見透かされて、他の人に売却話を変えられることになるので、慎重な交渉が必要になるわけです。売主側にとってもせっかくつかんだ購入希望者を逃がしたくないため、お互いに腹の探り合いがあります。これらを仕切りながら、巧みに交渉して成立させるのが不動産業者の腕の見せ所です。

さて、購入者側は、できるだけ安価に購入したいわけですが、その心理としては、安く購入して、購入後に、それなりに悪いところや、不足しているものに相応に投資をして改善しようと考えます。例えば、外装を全面塗装したり、外回りをきれいにしたり、内部については、エアコンやシャワートイレの設置、さらには、一室だけデザイナーズな内装にリフォームしたり……。そして、許される範囲で安価な家賃で賃貸する経営計画を立てます。そして入居者が入り経営が安定するのです。

このようなことが不動産加工の一つであり、再生させるという手法でもあります。不動産を売る側の心理をよく見極めて、そして購入した後のプランをよく計画をして、購入の交渉をした方がいいと思います。

優れた中古物件購入の目利き

私は中古アパートを選ぶにあたって、いくつかの指針を持っています。

第一に、立地です。立地場所は変えることができないため、充分に吟味する必要があります。しかし、その時は近隣に商業施設や、病院等があっても、これらが将来移転して、周辺環境ががらりと変わることがあります。現に私が最初に所有したアパートですが、所有した時には、近隣に厚生病院があって病院のドクターや、看護師さんたちに、入居をしていただいておりましたが、数年後に病院が移転しました。その結果、家賃の下落や、入居率の下落がありましたが、市内中心地ということで、大きな痛手にはならず経営を続けることができました。

次に、建物の構造を重要視しています。これは、メンテナンスに対しての費用をできるだけ少なくするためです。現に住宅メーカーでの建物と、在来工法の木造建物では、メンテナンスにかかる費用がかなり違ってきます。最初は安く購入できたと思っても、後々メンテナンスに費用が掛かるのは好ましくないと思っています。これも自分で経験したことです。

そして、利回りです。これは、年間家賃収入を購入金額で割ったものの率を目安にしています。これも一概にどれだけと決めつけられませんが、私の場合は、その物件を購入して、その建物に不足しているもの、例えば、エアコンの設置や、設備の充実、外壁や屋根の塗装が必要か否か、駐車場が不足していればその対策、そして、将来の家賃下落を考慮してどれぐらいの利回りで購入するかを決めています。当然ながら購入した後にそれほど費用が掛からなく、家賃下落も少ない物件では、相応の金額にもなりますが、それはそれで購入メリットがあります。

これらは、いずれ、自分がそのアパートを売却するときにも言えることです。ですから常に高い質を維持していくことが必要です。

中古アパートの買い時、売り時

建物を建てるということは、大きな産業廃棄物を作っていることであり、環境破壊をしていることでもあります。少し過激な言い方ではありますが……。

近年、中古アパートの市場が活発になっています。中古アパートばかりではなく、ビジネスホテルや、テナントビル等の収益物件を求める、個人、法人が増えています。よく観察していると、これらを売却する所有者は、その物件を売却して、その資金で、また新しい収益物件を購入して、数年後にまた、売却、購入を繰り返しています。自分が所有している間にできるだけ収益を上げ、減価償却をして、その後、売却する。

ではこの繰り返しはいつまで続くのでしょうか。先に記したように、いずれ建築物は老朽化して解体することになり、産業廃棄物になります。最後の所有者が、最後の後始末をすることになります。収益物件の売却、購入を繰り返しているのは、最後の所有者にならないためなのです。つまり、誰かが「ババ」を引きます。いいか、悪いかは別として、「ババ」は他人に押し付けるという考え方もあります。

中古の飛行機や、電車、バス等は、発展途上国に売却して、今でもその国で働いています。そしていよいよ使えなくなったら、ごみとして扱われる。世の中の経済の仕組みはそうなっているのです。これから中古アパートを購入しようと考えている方は、目利きで買い時、売り時をよく考えて購入されることをお勧めします。

私が中古アパートを選択した理由

私が最初に購入したのは、中古アパートです。

先に記したように当初は、土地を購入して新築アパートの経営を考えていましたが、資金調達ができず中古アパートの選択になったわけです。

これには他にも理由がありました。一つは勤務していた会社がアパートを作っていた関係で、お客様と競合関係になるのは、道義として基本的に控えていたことがあります。もう一つの理由として、私が担当して作っていただいたアパートが古くなった時や時代に即さなくなった時に、再生する必要があるのですが、その時、適切なアドバイスができるようにしておきたいと考えていたからです。

また、サラリーマンがアパート経営をする目的を「自分年金」という位置づけにしていることから、私なりの考えをモデル的に実践することで、様々な人たちに伝えることができると考えたことも中古を選んだ要因です。その際に大事なのは、早くローンを完済することを主眼に置くことです。

アパート経営の場合、入居者が入らなくなったり、メンテナンス費用が多大にかかることで、収支のバランスが崩れ、家賃収入とローン返済のバランスが悪くなり、返済が持ち出しになるリスクがあります。またローン金利が上昇してローン返済が多くなるということも考えられます。

これらは、すべてリスクです。家賃が下がったり、入居率が低下することで何が怖いかというとローン返済です。ローンが無ければ多少家賃が下がっても、入居率が低下しても、さほど大きな問題にはなりません。

そのためにはできるだけ早く、ローンを完済することです。サラリーマンの場合は、給与収入で生活はできるわけですから、アパートからの収入はすべて返済に回したり、給与収入等で余裕があれば、一部返済できるように意識を持つことが重要です。私が購入した中古アパートの前所有者は、バブル期に建設されたようで、そのアパート収益を使い切っており、家賃下落や入居が低下したことで持ちこたえられず売却したようでした。

このようなケースを私はたくさん見てきました。当然ながら様々な節税も考えなければなりませんが、アパート経営の収支が良くなくても節税効果があるからよいという考え方は誤りです。健全な経営、収支バランスがあって、その結果として節税効果があるというのが理想的です。

その他の不動産の活用を企画した

一方で、不動産（土地）を有効活用するために、アパート以外に、定期借地権付き分譲や、トランクルームでの活用、貸農園としての農地利用も提案してきました。そして介護事業での不動産利用という形も作り上げてきました。

当時の様々な企画は、初期にはあまり関心を集めませんでしたが、私が企画したものが徐々に注目され、主流な事業へとなっていったようでした。

これらの具体的な事例を後半に書かせていただきます。

介護事業、新たな土地活用でのノウハウ

特に介護事業で土地活用を始めたのは、いくつかの理由がありました。

一つは、今まで営業としてアパートを売って、将来そのアパートにまったく借り手がなくなってしまったオーナーが、今後どうすればいいのか相談を受けたとき、時代が変わったから知りません、というわけにはいかない。そこでそれを改造して老人ホームにできれ

ばと考えました。そのためには老人ホーム等の介護事業のノウハウを自分として持っていないと、新たな提案ができないと思ったのです。せめて自分が担当したお客様は守っていきたいと考えたのです。

もう一つの理由として、そのころいろいろな既存の老人ホームを見学したのですが、中には劣悪なものもあり、このようなところに、自分の親は預けられないと思い、せめて自分の親が安心して入れるような老人ホームを作りたいと考えたからです。

サブリース方式の介護事業の展開

そこで、良質な老人ホームを目指すために、サブリース方式での展開を進めていきました。サブリース方式とは、土地所有者に建物を建築していただき、その建物を介護運営事業者が一括に借り上げ介護事業をすることです。この方式は、まず土地所有者から見ると、今まで土地活用となれば大半がアパート経営しか勧められなかったのが、新しい土地活用ができることです。将来は高齢者が多くなり、入居者としての需要が多くなることが見込め、安定した賃貸経営ができることなどがあります。

一方、一括借り上げする介護事業者は、土地や建物の取得資金がなくても開業できるという大きなメリットがあります。さらには2件目、3件目等の事業拡大がしやすいということもあります。このような仕組みで作ると、各々のリスクを分散させることができ、ひいては良質な建物を作ることを目指そうとします。

土地を借地して老人ホームを建築

このような中で、土地所有者は、土地を貸すだけで、自分では建てない。一方介護事業者はあくまでも賃貸でいきたいという場面があります。それではその土地を第三者に借りていただき、その人に建築をしていただきそれを介護事業者に貸せば成立すると考えましたが、理論上はよくても、なかなか、その第三者が納得してくれないのが実情でした。

一番のネックは資金調達です。それは、土地はあくまでも借地であることから担保提供できず銀行からの融資が難しいからです。

それでは自分が実践することで、実績を作ろうと考え、自ら土地を借地してその上に建築をしました。

私の場合、問題の資金調達は様々な実績や資料を駆使した結果、建物だけの担保提供だけで全額融資を受けることに成功しました。一度実績を作ることができれば、強いもので、それからいろいろな人にこのスキームで老人ホームを作っていただきました。その人たちからは大変感謝されています。

ちなみに私もその後、このスキームで現在3件の老人ホームの賃貸経営をしています。私が所有する老人ホームについて、少々話をします。最初の2件は1年の間に約数ヵ月のずれがありましたが、ほぼ同時に作りました。

普通に考えれば、別物を同時に作ることは、銀行的に見ればあまり感心されません。銀行的にみるとまず、最初に1件作って、2〜3年様子を見て、そして、次の事業展開に進めるのがセオリーです。それは、それとして、堅実で当たり前の事業展開です。しかし、その時の情勢やタイミングがあります。決して銀行が考えるようなセオリーにとらわれないようにしています。

例えば、社会状況の中で、近年は過去最低の金利で推移しています、また、立地条件の大変良い場所が賃借できるとか、さらには、その場所では、優良な事業者が借りたいと申し出てきているタイミングの時、先に記したようなセオリーというものはなくなります。つまり、2ヵ所、3ヵ所同時に計画を進めることを判断しなければならないと考えるところです。

私が、1件目の老人ホームの建築計画を進めていて、融資が確定し、次の計画を約半年後に進めようと、銀行に相談したところ、上層部から1年のうちに2ヵ所も計画を進めるのはよくない、過剰融資だと、2件目の融資は断られました。

そこで、他の銀行から融資を取り付けて、2件目が実現できました。

実は、1年の間に同時に融資が確定できたのは、こんな裏技を使いました。

裏技ということですから、あまり公表するのはどうかと思いましたが、この際ですからお教えいたします。

通常、融資の申し込みをするときには、過去3年分の確定申告書の写しを提出します。

この時、その確定申告から、銀行は収入、利益、借入残高等を読み取り、総合的に判断します。1件目の銀行に対して同じような資料を提出して、融資を確定してもらい、2件目には、別な銀行に申し込みをして融資の承諾を得ました。ここに大きな裏技があります。

銀行は現在の借入残高を重視しています。1年間に2ヵ所の融資を受けるとき、双方の銀行は、別な銀行の借り入れがわからない。つまり、確定申告に出てこないから、わからないということになります。これが、2、3年間を、空けると当然ながら確定申告の中に借り入れ細目が記載され、銀行から借入債務が多すぎるのではないかと、融資を渋られることになる可能性があるわけです。

このようなテクニックを、どう考えるかはあなた次第ですが、チャンス、タイミングを逸することは、経営に大きく影響することと私は考えています。

実は、このようなスキームで賃貸経営というのは大変都合の良いやり方です。それは、人の土地を使って（借地）人の金を使って（融資）建物を建て、それを介護事業者に賃貸し家賃をいただく、その一部を銀行へ毎月の返済をする。そしてその差益をいただく。自分の支出はなく収入だけになります。もっとも、債務者としての責任はあります。このような中での自分がどの立場にいるか、土地を貸す人、土地を借地し、資金を借りて建築をしてその建物を貸す人、その建物を借りて事業運営をして家賃を払う人、そしてその老人ホームに入所して利用料金を支払う人、また建築資金を融資する人（銀行）等がいますが、本来の直接的な当事者ではない第三者（土地を借りて建物を建てる人）がいないと実現できない事業ですから大変貴重な役割です。

ではこのようなスキームで実現できる人はどういう人かというと、それは知恵（アイデア）があって、信用があって（資金調達）、決断する勇気がある人だけなのです。

リスク分散のための賃貸経営

このように私は、複数のアパートやら老人ホーム等を賃貸経営しています。あくまでも賃貸経営にこだわっています。では、なぜ複数の賃貸経営かというと、リスクを分散するためです。一般的に一つの建物で大きな賃貸アパート等を所有しているのと、同じ戸数でも複数の建物を所有するのでは、前者の方が、経費が少なくて済み、経営効率が良くなり、さらには、大きな建物ということでステータスや、ビッグな建物と思われ安心感があるからです。

しかし、私は、経営効率が悪くても、リスク分散のため、あえて複数の所有を勧めています。

アパートについては、様々なリスクがあります。例えば、ある一室から火災や、入居者の自殺、事件等が起きたとき、それ以外の部屋にも影響が出て、建物全体に賃貸経営としての大きな影響が生じることになります。

それが、複数所有していると、同じようなことが起きても、それなりの影響はあるものの、その建物だけにしか影響は及びません。つまり、リスクを最小限に抑えることになります。

一方で老人ホームの賃貸経営も同じようなリスク分散があります。賃貸している介護事業者は、あくまでも事業者であることから、経営不振や免許取り消し、さらには親会社の経営不振により同時倒産や撤退をする可能性もあります。その、不測の事態が起きたとき、賃貸している立場としては、どう対処するべきかと悩むところですが、いずれにしろ、新しい入居者確保を含めて時間がかかることは間違いないところです。それが一つだけでの賃貸経営であれば、銀行に対しての返済や、税金の支払い等があるのに家賃が入らなく大変苦労をするところですが、これが複数の賃貸経営をすることで、不測の事態があっても他の物件でカバーすることができるわけです。このように一棟一棟の賃貸物件について、経営者として出っ張り、引っ込みがあっても、それをカバーするような賃貸経営を心掛けることが必要と思っています。これは、介護事業運営者にも同じことが言えます。介護事業所を複数経営することで、全体の事業が安定するものと考えています。

不動産加工という言葉を作った

私が、積水ハウスを退職し、不動産業として独立した時、自分は不動産について何ができるのだろうかと考えました。現役時代と違って後ろ盾があるわけではなく、多くは、アパートや住宅の請負としての契約をしてきましたが、世間一般の不動産取引についての経験は少なく、売買や、仲介等は、自社物件での売買や、分譲地用の土地の仕入れや定期借地権分譲用地の仕入れ等はありましたが、一般的な仲介や売買では、そんなに多くの実績はありませんでした。

しかし私は、不動産取引の実績は少ないけれども、その不動産を加工する技術は持っていると自負していました。それは、現役時代に培われた、土地を活用、利用するというノウハウです。様々な法律問題や、境界や相続等の民事問題、税金、土木工事、建設工事、さらにはそれを賃貸、売買等を経験してきた自負であります。そのような中で、自分は不動産業として、経験は少ないが、不動産を加工する技術はあると思い、いろいろなところでアピールをしてきました。つまりこれが「不動産加工」という言葉を作った始まりでした。以前現役時代に作った言葉「自分年金」のように、将来的にこの不動産加工が世の中に出回ることを期待しています。

不動産加工の詳細は第4章で詳しく解説します。

老人ホームの中の設備を発明した

私は、現役時代、老人ホーム等の介護事業を推進していました。その中で老人ホームはそこに住まわれる入居者や、そこで働く人たちのことを考えると、設備や使い勝手など、たくさんの改善できるところがあります。もちろん、改善されることにより利用者にとっては、安全で、安心して生活ができること、働く職員たちにとっては機能的で、働きやすく、安全で安心して仕事ができること、そして経営者にとっては、利用者や職員に喜ばれることにより経営が安定できる最大の仕組みにつながります。さらには改善することにより、コスト削減の可能性が大きく関係してきます。当然これらは経営に大きくかかわってきます。

例えば、入浴介助があった場合、設計の動線計画で職員の人員配置が変わったり、同じく設計計画によって、夜間体制の人員配置が変わることがあります。

また、入居者においても、手すりの高さや、階段等の転落防止の安全対策が必要になります。挙げていけばキリがないくらいです。

そこで、現在二つの改善できる設備を、発明、開発をしました。

一つは、トイレの鍵です。老人ホームの場合、トイレの数は多く設置します。例えば、共用で使う廊下から利用するトイレ、入浴前に利用する脱衣室から直接入れるトイレ等がありります。これらを各々設置していくと経済的に無駄が生じることから、一つのトイレを廊下側からと脱衣室側、両方から入口をつけて利用できるように設計しました。これは特にそれほど珍しいことではありません。

問題は鍵です。この場合、一方から入室をして入ってきた扉の鍵は閉めますが、もう一方の鍵を閉めることはたぶんないと思うところです。そこから、人が入ってくる可能性があります。また、一方から入室をして鍵をかけ、退室の時、別な扉から出た場合、最初に入室した扉が、永遠に鍵がかかった状態に陥り、大変不便なことがありました。私はそれを解消するために、一つの操作で同時に二つの扉の鍵の開閉ができる装置を発明、開発をしました。現在、ある老人ホームに設置して大変好評を得ています。

もう一つの開発品をご紹介します。

それは、引き戸です。老人ホームで使う扉は、大半が引き戸の利用が多いです。これは、入居者が車いすや、歩行器等の利用率が多いために当然のことです。

引き戸というのは、引く側にその扉の幅以上に壁が必要になります。そのために設計が大変苦労をしています。特にトイレですが、引き戸の設置をすることで、必要以上の広さを確保しなければならず、大変不経済な設計になっています。その引き戸を新しく開発して、引いた扉を90度に曲げて引き込む扉を開発しました。これも現在、私が所有する老人ホームに設置しており大変好評を得ております。

このように、老人ホームや、建築にはまだまだ改善することや、加工することがたくさんあるものと考え、日夜、様々のことを考えています。

二つの発明、開発品のご紹介をしましたが、これによって、入居者のプライバシーが守られ、職員の余計な心配を排除し、経済設計によりコスト削減をすることができました。

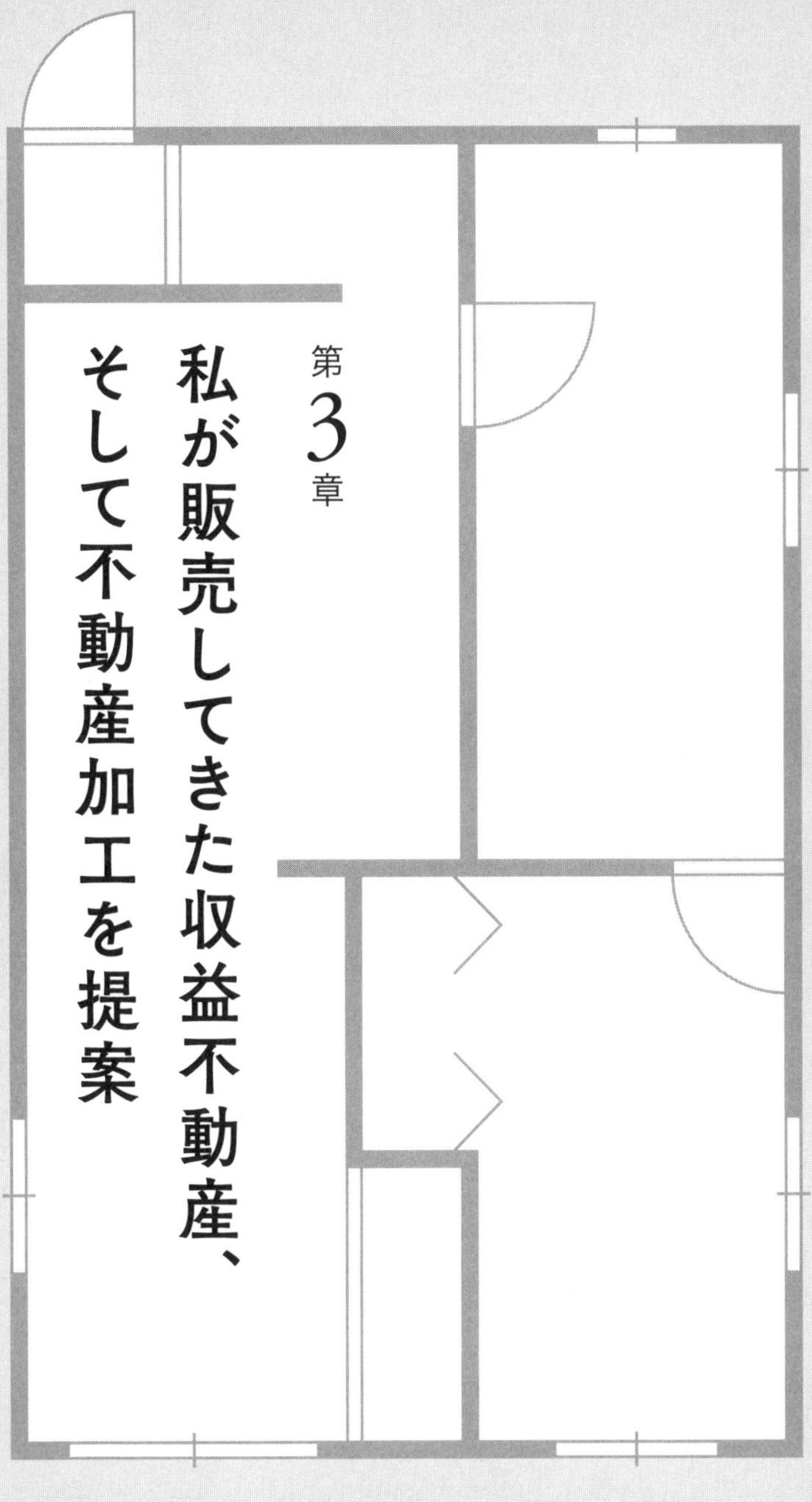

第3章

私が販売してきた収益不動産、そして不動産加工を提案

❶アパート経営

たくさん売ってきた、しかし……

私は、現役時代、多くのアパートを売ってきました。一人のお客様に一度に4～5棟まとめて契約したり、そのお客様が、数年後にまた、たくさんのアパートを契約したり、いわゆるリピートとしてのお客様も多くいました。一方で私が企画した、自分年金目的で、土地を購入したり、土地を借地したりして、アパートを建築していただいたお客様もたくさんいました。

幸いにして、私が担当したお客様の大半は、順調にアパート経営をしており、不動産収入が安定的に入り収入が確保されていたり、それなりの相続税やその他の節税効果があり、大変喜んでいますが、なかには様々な事情、理由によって、アパートを手放している方もありました。自分たちも歳をとってきて、後継者もいないから整理したい、いわゆる「終活」としての後始末をしたいという方、また、相続問題がこじれ、売却してお金で分配しようという方、そして、家賃下落や、入居率低下による将来不安、さらには、収益を遊興費に使いすぎて、蓄えがなく不測の事態（家賃下落や入居率低下等）に耐えられず手放してしまう等の事情の人が少なからず、いたわけです。これらは、アパート経営をしている方、全般にも可能性があることとです。

私としてはお客様の自己責任とはいえ、複雑な思いで、ご相談を聞いたり、お手伝いをしてきました。

もっとも、今の世の中、少子高齢化が進む中、アパートの供給を促進していけば、入居という需要の競争が激しくなり、アパートの入居率が下落するのは当たり前であり、家賃が下落するのも、当たり前のことであります。近年のアパートの入居は二極化しているといわれています。

一つは、とにかく低家賃のもの、もう一つは高級なアパートメントハウスで環境、設備等が整っていて、ステータスなもの、に分かれてきているように見られます。その中で、中間層のアパートが、一番供給量が多くて、一番競争率が高く、一番苦労をしているのが現実です。

今でも、住宅メーカーは、こぞってアパートの販売を強化していますが、この先どうなっていくかわからない、というのが本音かもしれません。確かに、一時的な相続税の節税効果、その他の節税効果がありますが、これからアパートを作っていこうとする方はそれなりの覚悟が必要です。

❶アパート経営

1棟のアパートから複数棟の街並みアパート

アパートというのは共同住宅のことであり、例えば、6世帯のアパートでは6名から20数名の暮らしがあり、一つのタウンが形成されます。当然ながら、そこには共同住宅としての環境や、秩序があるような作り方、経営のしかたがあります。これが、複数のアパートとなればもっと大きな、環境づくり等を形成する必要があります。バブル景気の始まり頃に、区画整理等も活発化して、地価もどんどん上がり、合わせて相続税や固定資産税の上昇がみられてきました。

当然、預金金利や融資利息も高く推移して、好景気で経過してきました。そこで相続税や固定資産税等の節税でアパート建築が大変多くなってきて、それも、区画整理等により地価評価が上がった大きな地主が一度に、5棟や6棟、30世帯や40世帯のアパートを作って、さらに、数年後また30、40世帯のアパートを作ってきました。こうなると、6世帯程度のアパートと違って、もっと作り方を工夫して、入居者へのより良いサービスの提供により、入居率や家賃の下落を抑えるようにしました。

例えば、駐車場を世帯2台付きにしたり、駐輪場の設置、全戸物置付き、専用のごみ集積場、専用の公園、歩車道分離、植栽を十分に配置して、街並みづくりをしたタウンにしました。当然ながら、植栽の剪定《せんてい》や草取り等の管理も徹底し、中には大家さんが、入居者を集めて、屋外パーティーなどもしていました。

60世帯のアパートであれば、約200名近い人たちが暮らしていて、大変にぎやかな時代でした。今でも、年数がたったとはいえ、しっかりとした管理がされているところは、高い入居率で推移しています。このような大家さんは、それなりのコストはかかりますが、外壁や屋根の塗装をして、リフレッシュしたり、太陽光を屋根に設置したり、オール電化に切り替えたりして、入居者に還元したり、収益を上げようと努力をしています。

どんな、立派な建物でも十分な管理と、時代に合わせた改良が必要になってきます。このようなことを、適切にアドバイスをしてくれる、管理会社との連携が必要です。

ちなみに、このようなアパートを建てた人たちは目的であった相続税等の節税効果が計画通りにあり、一次相続、二次相続も終わり、債務も少なくなってきており、新たな相続税の節税対策に入ってきています。

❶アパート経営

フレッシュネットワーク

私が担当したお客様で、Ｙさんというリンゴ生産農家の方がいました。Ｙさんのお宅も、農地が区画整理により、まわりが宅地化され、そこでのリンゴ栽培も厳しくなり、アパートの建築を計画していました。そこで私はその商談を始めましたが、私は、アパートの商談よりリンゴ栽培や、販売ルートの方に興味があったので、その話ばかりしておりました。

その時、私はＹさんから、リンゴを直販した方が2倍儲かると聞き、では私が会社や、取引先等から１００箱売ってきますよ、と約束しました。Ｙさんは半信半疑で聞いていましたが、約1週間後、１００箱分の発送リストと代金をもっていくと、びっくりして大変喜んでいました。その後リンゴを送っていただいた方から毎年時期になると注文が来るそうです。

その後、やっとアパートの商談を始めると、とんとん拍子に進み、契約、引き渡しまでこぎつけました、Ｙさんにはその後も、ことあるごとにリンゴの発送を頼みに行っています。

そこで、私が考えたことは、Yさんのように、会社には農産物等の生産者がお客様としてたくさんいるわけで、その生産物を会社の別なお客様に紹介して販売のお手伝いをしてあげれば、生産者も、それを購入するお客様も大変喜ばれる。そしてそのお客様がリピーターとして、新たなアパートや、住宅の注文をいただくことになるので、これを全国規模で展開すれば大変な企画になるだろうと考えました。

とりあえず、東北の各支店に話を持ち掛けフレッシュネットワークと名付けパンフレットを作って販促を始めましたが、各支店、各担当者の考え方の温度差があり、ごく一部の人たちだけでの利用で終わりました。

しかし、一部のお客様からは、住宅会社がこのような企画をするということが、すごいことだと賞賛の言葉が聞こえてきて、企画はそれ以上進みませんでしたが、満足をしました。今でも私は、商売の基本は自分たちの製品だけを売るだけではなく、相手の商売のお手伝いをしたり、喜んでもらうことを優先的に考えてあげることが重要だと考えています。

❶アパート経営

情報の共有化・損害保険会社との連携

私が現役営業だったころ、損害保険会社の代理店と親しく付き合っていました。いろいろと情報交換をし、お互いに得意分野の情報を紹介しながら仕事をしていました。

住宅会社の営業は、情報入手のために不動産業者や、銀行、税理士等との連携を取っていましたが、どういうわけか、当時は保険会社からの情報入手にはあまり関心がなかったようです。私は、その代理店から多くの人を紹介され、たくさんの人脈や、アパート等の受注をいただくことができました。当然その代理店にも火災保険や、その他の保険等もたくさん紹介し、まとまりました。このようなことを会社の会議で報告して、損害保険会社との情報連携が会社全体で活発化していったのを記憶しています。

やはり、ここでも同じことを書きますが、お互いに、相手のことを考えてあげれば、必ず返ってくるものだと勉強できました。

❶アパート経営
売り方変える、売るもの変える、売り先変える

営業として、会社の製品を売るのは当たり前のことですが、時代背景や、環境、競合他社等なかなか厳しいことが起き、思うように営業成績が伸びないということがあります。同じ営業仲間たちからは、当社の製品は他社と比べて値段が高いとか、他社はこういうことはできるのに当社はできないとか、もっと会社がこういうことをやってくれないと売れない、等と、言い訳や愚痴が聞こえてきます。

私は、技術屋出身ということもあって、ものを作るとか改良する、ということに対していつも興味を持っています。何か、便利なものとかデザインがいいものを見たとき、どこで売っているのか、と考える前に、どうやったら作れるか、などと考えてしまいます。

そのためかどうかは知りませんが、営業の世界でも厳しくなれば今までの営業概念を変えて、「売り方変える、売るもの変える、売り先変える」を実践してきました。先のフレッシュネットワークや、自分年金としてのアパート、定期借地権、介護事業等々、まさに「三つの変える」で何とか生き延びてきました。

これらは、決して、営業の世界だけではなく、いろいろな状況でも同じことと考えてい

ます。これから出てくる「不動産加工」は多方面からの考えで、「三つを変える」を実践したいものです。

❶アパート経営
自分年金を目的としたアパート

国の経済が成長していく過程には、国民の消費が活発になることが大切です。国の経済が良くなれば、税収も増え、社会保障も安定するといわれています。しかし、なかなかこのようにうまくいかないものです。そこで、国や社会保障はそれとして、一方で自助努力として、若いうちから「自分年金」の意識を持つことが必要だと思います。

ここで、社会的観点からの「自分年金」づくりをアパートや老人ホーム等の賃貸経営での効果から考えてみたいと思います。

「自分年金」という個人の資産及び収入確保の手段として、賃貸経営をすることは、建築関連、不動産関連、入居者や、利用者関連等、多くの企業の経済効果を上げることになります。また、個人や企業の経済効果が上がるだけではなく、諸々の各種税金がかかるため、国の収入も上がり、社会に還元されます。まさに社会経済の循環といえるものではないかと思います。要するに多くの人たちが「自分年金」という意識をもって実践していくことで社会経済が活発化して好景気になり、最後に自分たちに還元されることになるものだと思います。これらは、建築という観点から見たものです。

別な方法で、預金とか、投資とか、株式等の場合には、すこし経済の動きが違ってくるものかもしれません。お金が、どこかで止まってしまう可能性がありますし、関連するところの範囲が狭いのではないかと思います。

「自分年金」の実践方法は様々なやり方があるかと思います、それぞれ自分にあったやり方を研究して実践されることをお勧めしたいと思います。

❶アパート経営

住居併用アパートは、アパートか？　住居か？

アパートを建築する場合、どうしても銀行からお金を借りる必要があります。ところが、土地などを所有していない人には、融資のハードルは高いものです。その時にこのような方法があります。それが、住居併用アパートです。

これは、半分が住まい（自宅）で残り半分が賃貸アパートです。この半分というのが大きなみそになります。通常土地を購入して、アパートを建築するために、融資を受けようとすると、銀行的にみると、事業資金のため、審査は結構厳しい判断になるかもしれません。

それが2分の1以上自分が住むための建物は、住宅扱いにみられるため、住宅ローンとして審査され、審査はアパートより比較的厳しくなく融資は受けられるようです。

この仕組みを使って、前職の会社の若い人たちの間では、こぞって住居併用アパートの建築が盛んなようです。

この仕組みは、2世帯のアパートを造り、その一室を自分たちが住宅として使い、もう一つの部屋を賃貸アパートとして貸し出すものです。一般的にアパート暮らしをしていた若い人たちにとっては、何ら抵抗はありません。それよりも、隣を賃貸で貸すことにより家賃が入り、それを、ローン返済に回し、足りない分を自分が出します。このようにして、今まで賃貸アパートに家賃を支払っていた額より、ずっと安くなる計画を立てています。

そして、将来、自宅を建築した場合、その部屋を貸すことにより、2世帯のアパートの所有、経営ができることになります。

この方法の応用として、故郷で暮らす両親の自宅を建て替えして、住居併用アパートで快適で安全な住まいの確保と、アパートから得られる収入で生活費も捻出《ねんしゅつ》できた事例があります。当然ながら、収入はローンや固定資産税を支払った後のことです。
そしていずれ、ローン返済が終われば、それが自分年金になることも計画になります。

❶アパート経営
郊外や郡部でのアパート建築

私は現役時代に地方都市の、さらに地方の町、つまり郡部でのアパート建築を多く受注することができました。今ではたくさんの建築業者や住宅メーカーが営業していますが、私が始めたころは、地元の建築業者が、昔ながらの造りで、アパートや貸家を建てる程度でした。

しかし、私は、いくら郡部の街であり平均所得が低いところでも、教員や公務員、医者等がいるはずで、その人たちは潜在的に、少しぐらい家賃が高くてもいいところに住みたいと考えていると推測しました。ニーズがあるはずと思い、あえて、高級なアパートを建築して、入居募集をしました。地元の不動産業者にも、様々なノウハウを提供して、募集したところ、見事に考えが的中して、それなりの人たちの入居が決まりました。近隣のアパートよりいち早く、満室状態になったことを記憶しています。

ここで学んだことは、いくら地方都市でも、いくら郡部であっても、工夫と実行力で実現するものだと思いました。ただし、このようなものをたくさん作りすぎては、いずれ共倒れになるので、売れるからといって、売りすぎは控えないといけないことも勉強になったことです。

❶アパート経営

土地を購入してアパート建築

近年、土地を購入してアパート経営を始めている人が多くいるようです。住宅メーカーはローコストで造る建設会社との競合では、価格差がありすぎて勝負にならないため、あえて土地と建物をセットにしたアパートの販売を強化しています。

オーナー側は投資目的で建築する方が多いといいます。例えば、総予算1億円を投じて土地建物を購入して、1000万円の自己資金と、9000万円の借り入れで、総予算に対して約6％の利回りで回すスキームです。つまり600万の収入です。これをローン返済後、200万円の実質収入とした場合、これは何を意味するかというと、全投資額に対しては6％ですが、自分が出した1000万円に対しては20％の利回りです。また、一件一件の収益率が低くても、同じような利回りで数件所有すると、大きな利益額になります。要は、資金として銀行が融資をしてくれれば、ＧＯなのです、という考え方でアパートを求めている方がいます。

一方、20年から30年前に相続の節税対策でアパートを建築した方々が、一次、二次相続を経て、いよいよ、三次相続へ突入が近くなってきて、また対策を講じなければならないようになってきています。

最初のアパート建築のころに所有していた土地には、すべてアパートで埋め尽くしたため、もう空いている土地はないことから、新たに土地を購入して新しいアパートを求めている人たちです。このようにいろいろな形で、考え方でアパートは増え続けています。

一番感心するのは、これらを企画して、販売する住宅メーカーです。時代の変化に器用に対応して、本業のアパートを販売しているわけです。

将来、相続が発生して、相続税を納めなければならなくなった場合、購入した土地やアパートを売却することで納税することができます。そうすることで、先祖から引き継いだ資産を次の代につなげることができるわけです。

❶アパート経営

土地を借地してアパート建築

前述したように、土地を購入して、アパートを建築するケースが多いわけですが、土地は借地して、その上にアパートを建築するというスキームもあります。これは、土地を購入しないため、同じようなアパートでも総額資金が抑えられるため、収益率が高くなります。さらに、将来売却ということになっても、収益率が高いため、良い条件で売却することも可能になります。

さらに、借地ですから当然に賃借料を支払いますが、税務上全額経費となります。そして、借地のために、固定資産税は貸している土地所有者の納税義務になります。

しかし、資金調達のための融資は厳しいかもしれません。土地が借地であることで土地に対して担保が得られないため、別件の担保を要求されるからです。これが、過去にアパートをたくさん所有していて、借入残高も少なくなってきている人なら、そこに担保提供することでOKになるわけです。ここでも言わせていただきますが、資産家はどんどん資産が増えていきますが、資産を持たない人は、いつまでたっても資産は持てないのかもしれないのです。

ポイントは、金融機関から資金調達ができれば、効率のよい事業経営ができるものだと思います。

❶アパート経営

高齢者や障害者でも安心して住めるアパート建築

同じように区画整理地に建物を建てるにしても、特殊なタイプのアパートを建てた例もあります。

Nさんとの出会いは、ある不動産屋さんからの紹介でした。

Nさんは兼業農家であり、父母、奥さんが農業を営んでおり、本人はJAに勤務されていました。農繁期には農業を手伝うという、いわゆる三ちゃん農家でした。

そのN家にも、都市化の波がやってきて、区画整理によって大半の土地が宅地にされました。土地の活用、職業の転換、節税対策等としてアパート経営をしている農家が増えていますが、Nさんもアパート経営の計画を考えていました。

そこで私と出会いアパート建築の計画を進めていましたが、普通のアパートに対しては、将来的に少々不安と疑問を持っておられました。

そこで、将来的なことや、普通の入居ニーズ以外も取りこむことができるように、アパート全16世帯のうち一階の4世帯を高齢者の方や障害をもった方でも安心して住めるアパートにすることを提案しました。

Nさんから、このプランに承諾をいただき契約の運びとなりました。

その背景には、実はNさんのお父さんが25年ぐらい前に交通事故に遭い、障害者になっていたこともありました。身体が不自由な方に対して、Nさんが大変に理解があったことが決定の理由だったのかもしれません。

その当時、アパートといえば、新婚世帯とか若い世帯、単身世帯等が主流で、高齢者や障害者等でも受け入れられるアパートは、珍しかったように記憶しています。

その後、Nさんは順調にアパート経営をされています。ハンディキャップのある人たちにとって、安心・安全な優しい建物は、健常者にとっても優しい建物であるということに、私自身も改めて気がつきました。

それから数年後、グループホーム（介護）の建物を建てる話があり、Nさんへ提案したところ、やはり了解をいただきました。グループホームの建物を建てて、それを賃貸に出す事業です。

当時は介護事業に対して世間の理解も薄かった時代でしたが、Nさんは、素直に受け入れてくれました。ちなみに、Nさんが建てたグループホームは、盛岡市における新築のグループホーム第一号でしたから、大変関心が高く、2日間の内覧会で約500名の来場者がありました。

行政からも注目されていたようで、盛岡市長も見学に訪れ、マスコミも取り上げてくれるほどでした。

今では、介護の建物はかなりポピュラーになりあちこちにありますが、初めてというのはなんでも勇気がいるものだと感じました。Nさんには、先見性があったものだと感じます。

その後、Nさんとの付き合いは続き、第3弾としては、定期借地権の貸地で不動産活用をする提案を了解していただきました。

あれから15年、Nさんのお父さんも亡くなり、相続税の節税効果があったことで喜んでおられました。

❶アパート経営

オール電化をいち早く採用したアパート建築

今では当たり前になっているオール電化のアパートですが、私が現役時代にいち早くアパートに採用し、普及の火付け役になった記憶があります。今から約15年前のことです。当時はアパートの約95％が都市ガスやプロパンガスの熱源を使っていました。この理由としてプロパンガスを採用すれば、設備工事費がガス供給会社で負担をしてくれて、オーナーの建設コストを安くできたからです。もっとも、工事費を負担したガス会社は、毎月のガス利用料金に上乗せをして回収するという仕組みでした。それを、熱源をガスからオール電化に切り替えたわけです。最初は販売する営業も、不動産業者も、ガス供給会社も混乱をして、建設コストが上がるから、どうせ売れないだろうとみられていましたが、半年後には約60世帯のオール電化アパートを作ったところ、入居率は高いし、入居者からの評判も良く、徐々にオール電化に切り替わっていったのでした。

このオール電化にしたのは私なりの考えで、当時、個人住宅のオール電化率は約90％であり、アパートにおいては5％にも満たなかった頃でした。そこで私は、個人住宅のオール電化率が高いということは、そこで生まれ育った子供たちが、将来独立をしてアパート暮らしを始めるときは、必ずオール電化のアパートを選択するだろうと考えました。それは火を使えない子供たちが増えるからと考えたところでした。また、オール電化アパートで深夜電力と組み合わせることで、光熱費が、ガスと比較して、約3分の1になること、さらには部屋がきれいになるということです。

その後、東日本大震災で一時、電気に対して一部信頼が下がりましたが、近年ではオール電化のアパートの供給が多くなっています。

❷定期借地権の活用

定期借地権とはなにか

借地借家法によると、普通借地契約においては、30年以上の契約が必要とされています。その後は更新されていきます。契約終了時、貸主側がよほど合理的で絶対的な理由がない場合、借主が更新を希望していると、更新が認められます。どうしても退去をしてもらうためには、相応の退去費用の支払いや、建物の買い取り請求がされて、解約に応じられるのが現実であります。

また戦後の混乱期や、近年においても先代、先々代が口頭約束で、土地の貸借がなされ、契約書類が交わされていないケースも多数あるようです。平時の時はそんなに問題はありませんが、契約終了時や、相続が発生後等に初めて、契約書が交わされていないことが判明して、相続を受けた人が大変苦労をしていることを、よく耳にすることがあります。

さらには、契約終了を巡って、裁判にまで発展してのトラブルが続出しているようです。

このような契約で、一度、貸地で契約すると貸主が不利な状態だと今後、土地を貸すことをやめてしまうことになれば土地利用が制限され、経済の動きが悪くなることになります。

そこで、平成4年、借地借家法第22条の中に、定期借地権という法律が制定されました。

この法律は、三つの定期借地権からなっています。それらは一般定期借地権、建物譲渡特約付き定期借地権、事業用定期借地権です。

これはどういう契約になるかというと、契約が終了になると更新はなく、建物の買い取り請求はなく、いかなる理由があっても契約が終了し、更地の状態で返還されるというものです。一般定期借地権については、50年以上の契約が必要とされています。諸外国では当たり前の契約で、平成11年、香港がイギリスから返還されたことを記憶している方も多いと思いますが、あれは99年の定期借地によって返還されたものです。

この定期借地権の活用は大変応用がきくもので、使い方次第では、近年問題になっている空き家問題もなくなり、マンション等の大規模修繕や建て替えも容易にできることになります。

住宅を求める人たちは、土地の所有権を買うか、利用権を買うかということになります。

さて、核家族化が進んだ現代において、子供たちは親と同居せず、各々が独立して家を建て新たな家庭を持つ。そして、その子供たちも同じような形で進んでゆき、結果として、親の家が空き家になっているわけです。売却したくてもなかなか売れないし、更地にするには解体費がかかる。そして、そこには思い出がある、という風になっていくわけです。

所有権は、消えることなく、必ず次の代に引き継がれます。放棄をすればそこでストップしてしまいますが、よほどの事情がない限り放棄はしないようです。

また、所有権があることで、その相続をめぐって、争っていることもあります。

これが、定期借地権を利用した借地であれば、期限が来れば必ず契約が終了するわけですから相続による争いごともなくなり、すべてリセットされ、健全な関係を保つことができます。

このような制度ができあがり、いち早く住宅メーカーが、この制度を使って宅地分譲等を始めました。地価が高いところは、土地購入費用がないため、安価に家が建てられることで好調に売れていきました。しかし、ある時期からあまり広がらなくなりました。それは、地価が下がり、地代を払うのと、購入してローンの支払いとにさほど差がなくなると、いずれ自分のものになるから購入した方がよいと思うようになったからです。

もっとも、その理論を誘導したのも、住宅メーカーの営業マンであったり、不動産業者であったわけです。実は、不動産業者から見ると、定期借地権付き分譲を仲介するのと、分譲地の売買を仲介するのとでは、手数料収入が全然違うわけです。宅建業法によると、借地契約を成立させた場合、仲介手数料は一ヵ月の賃貸料が上限です。せいぜい、2から3万円程度です。

それが、購入のための売買契約の仲介をすると、取引価格の3%+6万円+消費税となります。例えば、1500万円の土地の売買の仲介をした場合、売主、買主双方から約55万円、合計約110万円（消費税含む）が手数料としていただけるわけですから、不動産業者から見ると定期借地権制度等、積極的に勧めることはありません。それが定期借地権の進まなかった要因と思います。しかし、住宅メーカーは、その土地に建物が建つから、定借に対してメリットがあるため、定借分譲を行ってきたのが現状で、定借自体があまり広がらなかった原因でもあります。

そもそも、定期借地権の分譲事業は、土地所有者に対しての折衝から始まりますが、定借制度を、よく理解して地主さんに説明できる人が少ないのが現状です。だから、土地に対しての仕入れ（定借地の販売代理の了解をいただくこと）ができません。

一方で、仕入れた土地をユーザーに対して、定借制度をよく理解して説明をして販売する営業の教育もなかなかできていません。このように、貸主、借主、さらには仲介する不動産業者の知識不足、メリットのなさ等々があり、定借事業が一時的に途絶えて、ノウハウのある営業マンがいなくなったのが現実ですが、近年、少しずつ、定借の復活が見え始めているような感じがしています。

その背景には、貸主側に対しては、節税対策も大事ですが、不動産の継承も重要なものだと考えているようになったことがあります。借主側から見ると、近年、問題になっている空き家問題のことを考えた場合、リセットできて、後始末ができるものが良いという、合理的に考える人が増えてきているようです。

一般的に家を建てようとする人は資金的に厳しいため土地を借地することで全体の資金計画を圧縮しようと考えますが、私の経験上、私がかかわった定借分譲地のユーザーは、大半が、経済的に豊かな人たちが多かったようです。

建てるのが3件目の家であったり、ほかにアパートを所有していたり、職業的にみると、教員や公務員であったり、会社の社長や医師の人たちもいました。このような人たちは冷静に判断でき、所有権、借地にこだわらず、合理的にメリットがある方を選びます。

だから資産家や経済的に豊かな人たちなのかもしれません。ちなみに、経済的に厳しい方々は往々にして、所有権にこだわる人が多かったようです。

❷定期借地権の活用

一般定期借地権

一般定期借地権の条件は、次のように、なっています。

・期間50年以上の契約
・契約更新は無し
・立ち退き料の請求は無し
・更地返還
・建物の用途は限定しない

主に個人住宅やアパート、店舗、クリニック等の建築目的での賃貸借契約が多く、一番多く普及されています。

❷定期借地権の活用
建物譲渡特約付き定期借地権

建物譲渡特約付き定期借地権は、私の中では画期的なものだと思っています。これは、土地所有者が30年以上の賃貸契約をして、その後その上に建っている建物を買い取ることができるという賃貸契約です。借主側から見ると買い取りしてもらう、ということになります。これを具体的に事例で解説します。

この制度での大きなメリットがあるのは、マンションの分譲です。分譲マンションの最大の欠点は、区分所有法にあると思っています。もっとも当然に良いところもあるわけですが、あえて将来につけを残す法律だと思っています。区分所有法によると、その建物を、大規模修繕や建て替え等の重大決議は、所有者（組合員）の5分の4の決議が必要とされています。現実的に5分の4の決議を採決するには、ほぼ不可能に近いものがあります。所有者のいろいろな考えや、資金的なものが現実的ではないと思われます。

通常、鉄筋コンクリート造の建物の法定償却年数は50年とされています。実際の構造躯体では、60年~80年以上の耐久はあると思いますが、構造躯体以外の設備や、その時代の生活体系や住まい方などのことを考えた場合、耐久性があり、長期的に使えることが、生活するにあたり、足を引っ張りかねないことになります。

例えば、近年の住宅は、省エネのためにオール電化や、自家発電、蓄電機能等々、どんどん進化しています。また、近年問題になっている空き家問題もあります。いずれにしろ、自分が所有していても、自分の意志だけでは何もできないというものです。

これらの問題を解決するのが、建物譲渡特約付き定期借地権付き分譲マンションです。先に記したように、契約期間が過ぎたら、土地所有者が、その区分所有された建物を一戸一戸買い取ることになることで、全体が土地所有者のものになります。そうなると、所有者の一存で、大規模修繕や建て替えの決定ができることになります。当然、大規模修繕や建て替えには相応の費用が掛かりますが、そのインフラにかかった費用を計算して、再分譲や賃貸として使うことができます。このようなことで、今までの分譲マンションは一戸一戸が所有しているため、将来に「つけ」を残すことになるのを、解決することができるわけです。

では、このような分譲マンションが最初から売れるのかというと、建物は分譲で購入しますが土地は借地のため、土地建物総額で安くなることになります。借地料はかかりますが、土地面積に対して、建物の個数が多いため、一戸あたりは安くなりますし、土地の固定資産税はかかりません。将来に問題が起きないことを考えれば、購入する側にとっては大きなメリットがある仕組みになります。

❷定期借地権の活用
事業用定期借地権

事業用定期借地権の制度は、一般的に一番多く使われている賃貸契約かもしれません。これは、事業ということで、大半が借りる側は法人での契約が多く、事業を目的としているため、貸す側、借りる側、双方ドライに契約を進めることができるからです。

次に紹介するのは、旧態の賃貸契約で土地を貸していた地主さんの事例です。この人は、パチンコ店に土地を貸していたのですが、パチンコ店が倒産をして地代が払われてこなくなり、固定資産税の支払いや、その他の支払いで大変苦労をしていました。パチンコ店に対して土地の返還や、損害賠償請求もしました。しかし、パチンコ店は、他の債権者からも当然ながら損害賠償も求められています。建物もそのままになっていて、解決するには数年の年月と、相応の費用がかかったようでした。

このように事業用用地に賃貸することは、当然ながらその事業のための建物を建築することから、倒産した場合、その建物の所有権が倒産した法人にあるがために問題がややこしくなり、解決に時間と労力、お金がかかることになります。

ちなみに、事業用定期借地権で契約していると、賃料を2ヵ月以上滞納した場合、契約解除の規定が設けられているため、土地所有者は、契約解除を通知して、建物を解体することができます。そうなると、賃借人の債権者は担保としてとっていた建物を解体されると、担保自体消滅することになります。債権者は保全のため、賃借人の代わりの地代の支払いがされるようになります。

賃貸契約時には、最小限、建物解体費分の保証金は預かる必要はあります。

このように、これらの問題が起きても、最小限にして、貸す側の不利益にならないようにできるものと考えています。

❷定期借地権の活用

定期借地権付きの分譲地〈個人住宅編〉

定期借地権の制度を利用した賃貸借には、貸す側と借りる側があって成立するのは当たり前ですが、ここでは定期借地権付きの分譲地で、住宅を建てる側のことを書きます。

そもそも、土地を借りて家を建てるという考え方については、いろいろな考え方を持つ人はいます。自分は所有したい、借りるなんて抵抗感があるという人もいます。また若い人たちは定借で家を建てようと、親に相談しに行くと、借地なんてとんでもない、と反対されるケースが多いようでした。私の経験から約9割の人が、このようなことで断念したという経験があります。

一方、定借で家を建てることに対して、抵抗感のない人たちは大変合理的だと考え、即決断するという特徴がありました。定期借地権付きの分譲においては、同じような考え方同士の人たちが集まることで、良い関係が保たれているようです。

余談になりますが、以前にニュータウンに家を建てた方から聞いた話ですが、ニュータウン内での住民たちの派閥があるということでした。どういうことかというと、宅地分譲をした住宅公社はあくまでも土地分譲だけで、建物の建築はユーザーが自由にメーカーやら工務店で建築をしてよいというルールなので、中には資金的に余裕がなく、公社推薦のローコストで建築する人がいたり、また、資金的に余裕がある人は、メーカーに依頼をして家を作ったりします。その結果、派閥ができたようでした。本当はメーカーで建築したかったが、資金的にできなかったことで、距離ができたようです。

他人同士が住む分譲地には、同じような価値観を持った人たちが集まることで円満な町内会ができるようになるのではないかと思います。

❷定期借地権の活用
定期借地権付きの分譲地〈アパート建築編〉

定期借地権付き分譲地で、アパートの分譲をしたことがあります。

自分年金を目的としたアパートの需要が多くなってきたことも手伝って、結構、売れ行きが良かったものです。それまでは、アパートを所有するには、土地を購入して、アパートを建てるか、中古アパートを購入する、という選択肢しかありませんでしたが、土地を借地してアパートを新築できる、ということで選択肢の幅が広がったわけです。

これには、メリットが多くありました。一つは、土地は資産になるため税務上の償却という考え方はありません。それが借地をすることで、借地料は税務上での経費になるわけです。そして、土地に対しての固定資産税がかからないため、アパート経営の収支、税制面で有利になります。もう一つは、分譲地ということで、数件のアパートが建つことで、一つの街並みを計画的に作ることができ、スケールメリットができたことです。

管理をする不動産業者も一括で管理をすることで管理がしやすいといわれました。

一方、資金調達が難しいという面があります。土地に対して担保提供ができないため、自宅等の別件担保を提供して調達をしていました。

❷定期借地権の活用

定期借地権の貸す側のメリット、デメリット

メリット

・借入をするリスクなしで地代による安定収入を得ることができる
・相続評価額が25～45％低くなり、相続税の引き下げ効果がある
・住宅用地として活用すれば、固定資産税の大幅な軽減ができる
・保証金が入り、運用が可能
・相続税納付時の物納用地として認められることもある（条件等があるので要確認）
・次世代に資産承継がしやすい

デメリット

・50年以上の契約という期間が長いかどうか？ 貸主の考え方次第

・担保価値が下がり、万が一の時売却等の制限がある

❷定期借地権の活用

定期借地権の借りる側のメリット、デメリット

メリット

・住宅（アパート）全体の購入費は土地の取得費が要らないため、保証金と建築費を合わせても格安にできる
・土地に対しての固定資産税、不動産取得税がかからない
・借地権付きで譲渡、賃貸することが可能
・建物の改築、増築、建て替えは自由（契約期間内）
・契約期間内の解約は自由（ペナルティは無）
・契約終了後、保証金は返還される
・一般的に広い土地を借りることができる

デメリット

・50年間地代を支払っても、土地は取得できない

・土地所有権にこだわるなら不向き
・資金調達が難しい

❷定期借地権の活用
630坪の土地区画整理によって宅地に換地される事例

67歳のMさんには、奥さんと娘さんが3人いました。3人の娘さんの中には、嫁いだ人もいましたが、同居している人もいました。

元々、農業を営んでいたMさん一家でしたが、自宅、畑、田んぼ等が区画整理によって宅地化され、それに伴い自宅の移転や、建て替えを余儀なくされました。自宅の移転にはそれ相応の保証があるため、新しい家の建築資金はそれほど大変ではありませんでした。

しかし、区画整理によって農地が宅地化され、農業という職業ができなくなってしまったのです。役所や区画整理組合等からは、

「今まで道路やインフラの整備がなされていない農地より、区画整理によって整備された土地の方が、資産価値が上がっていいだろう！　メリットがあるんだ！」

と、言われました。

確かに区画整理で資産価値が上がれば、所有者は売却することによって、それなりに高い利益を得ることができますが、売らない人にとっては、地価が上がっても何にもいいことはありません。そんなふうにぼやく人は意外に多いものです。それは当然です。自分たちの職業は奪われるし、固定資産税や相続税も大変なことになりかねないからです。

一番得をするのは、行政や国です。固定資産税や相続税を高く取れるからです。区画整理による行政支出があっても、それは十分に回収できるからです。アパートが建ってくれれば消費税が入るし各種税金も入ります。また、建築や入居者等が動くことで経済が活性化します。

Mさんは、若い時に会社勤めをしていて、今は厚生年金暮らしなので、それほど経済的には逼迫《ひっぱく》はしていませんでした。しかし、自分は「借金はしたくない」「アパートは建てたくない」「土地は売りたくない」という希望でした。

私たち、不動産・建築業者は、「土地は売りたくない」「アパートは建てたくない」「借金はしたくない」と言われるとお手上げ状態になってしまいます。

しかし、Mさんは、税金のことで悩んでいました。

そこで私は、ちょうどそのころ覚えたての定期借地権の制度を説明させていただき、Mさんの考えに一致したため、約630坪の土地を預かり、盛岡初の定借分譲地7区画を販売したところ約1ヵ月で完売の運びとなりました。

ちなみに1区画85坪4区画100坪3区画でした。当時は、売却すると約30万円／坪ぐらいが相場でした。

Mさんの貸地の収支計画をご紹介すると次のようになります。

土地地代　年間　210万円
保証金　3000万円
固定資産税減税分（更地と比較して）　120万円

ここで私が提案したのは、預かった保証金で別に所有している土地にアパートの経営をすることです。利回りは、経費を引いて約7パーセント、210万円です。

土地地代　年間　210万円
保証金運用　年間　210万円

固定資産税減税分　　年間　　120万円
（本来更地だと納税しなければならないのが、しなくてよいのは収入と考える）
計　　540万円

借金0の状態で、将来の相続評価額も約25パーセント評価減できました。
結果的にアパートの方は建てませんでしたが、Mさんには大変喜んでいただきました。

❷定期借地権の活用
定期借地権制度で農業を続ける

さらに定期借地権制度を利用して、住宅街の中の農地を郊外へ移すという考え方もあります。

宅地化が進むにつれて、住宅街の中に畑や田圃《でんぽ》がぽつぽつと残っている光景は、どの都市にもあります。

農地の周辺を住宅が囲ってしまうといった状態です。こうした環境の中で農業を続けるのは大変なことです。

というのも住民から農薬散布や肥料の臭いなどに対して苦情がでることがあるからです。もともと農地だったところに宅地が増えた結果ですが、だからといって環境に配慮しないわけにはいきません。しかし、農家の本音は農業を続けたいわけです。もちろん土地に対する愛着もあり、それを次世代へ引き継ぎたいと考えています。

そこでこのような使い方、考え方があります。

市街地の農地を定借地として賃貸し、その保証金で郊外の農地（田や畑）を購入、もしくは借りて農業を続けるという選択肢もあります。また市街地や田畑を担保にして銀行から融資を受け、農業がやりやすい郊外に新しい田畑を購入もしくは借りるという方法もあります。こうすることで農業を続けることが可能性です。

このように定期借地権制度は、土地活用の重要なノウハウになっているのです。

この方法も一つの選択肢としてあるのです。土地がある人にとっては、極めて合理的な不動産運用の方法です。

❷定期借地権の活用

相続時納税用に売却を考えていた土地の活用こんな加工

更地や農地を定期借地にする場合、造成方法によって土地の価値が異なってくることも知っておく必要があるでしょう。

私のクライアントのKさんのケースを紹介しましょう。

Kさんは兼業農家で、本人は会社に勤め、両親と妻が農業を営んでいました。私と出会った時のKさんは、勤めていた会社を早期退職したばかりで、家業の農業を主に、たまに以前勤めていた会社の仕事を手伝っていました。

そのKさんが自宅とアパートを建築するとのことで折衝していましたが、他社で決まりました。それもそのはず、地元の住宅メーカーに勤務されていたので、結果的にそのメーカーで建築することになったのです。

しかし、Kさんは他にも場所のよいところに2反歩の田を所有しておられ、将来相続が発生した時、この土地を売却して納税資金にしようと考えておられました。

そこで私から次のような提案をしました。まず、田んぼの3分の2を宅地開発し、3分の1を畑に転換します。真ん中には道路を通します。これは、将来、相続が発生した時に売却しやすくなることを考えてのことです。

ひとかたまりの土地を売却するとなると、安く買いたたかれます。それは購入する不動産会社がその土地に道路や緑地帯を設ける工事が不可欠になるからです。

さらに造成工事や、水道、下水、ガス等のインフラを整備しなければ、宅地分譲として売れないため仕入れ原価としては、それ相応にしなければならないからです。

そこで私が提案したのは、自分で土地を整備することです。造成費は貸地契約の時に預かる保証金と、足りない分は融資を受けることができます。

敷地の真ん中に道路を入れることにより、残しておいた畑の道路付けもよくなり、インフラも整備されたことになります。こうしておけば、いざ売却となった場合でも、ほぼ完成宅地並みに取引できるわけです。

このように土地を加工することで、現在、将来にわたって価値を維持できます。

農家の田んぼからの収入は決して高くなく、約2反歩からの米の収穫量は、約15～18俵の収穫しかありません。30万円から35万円の売り上げで、そこから経費を差し引くとほとんど残らないのが現実です。

ところが、貸地にした場合6区画として月額11万円、年間132万円の実質収入が得られます。これも不動産を上手に活用した例です。

土地造成での賢い活用（貸し手の実例）

定期借地権付き分譲

☑ 所有の田を開発許可
☑ 道路をつくる
☑ 農地の売却をしやすい状況にする

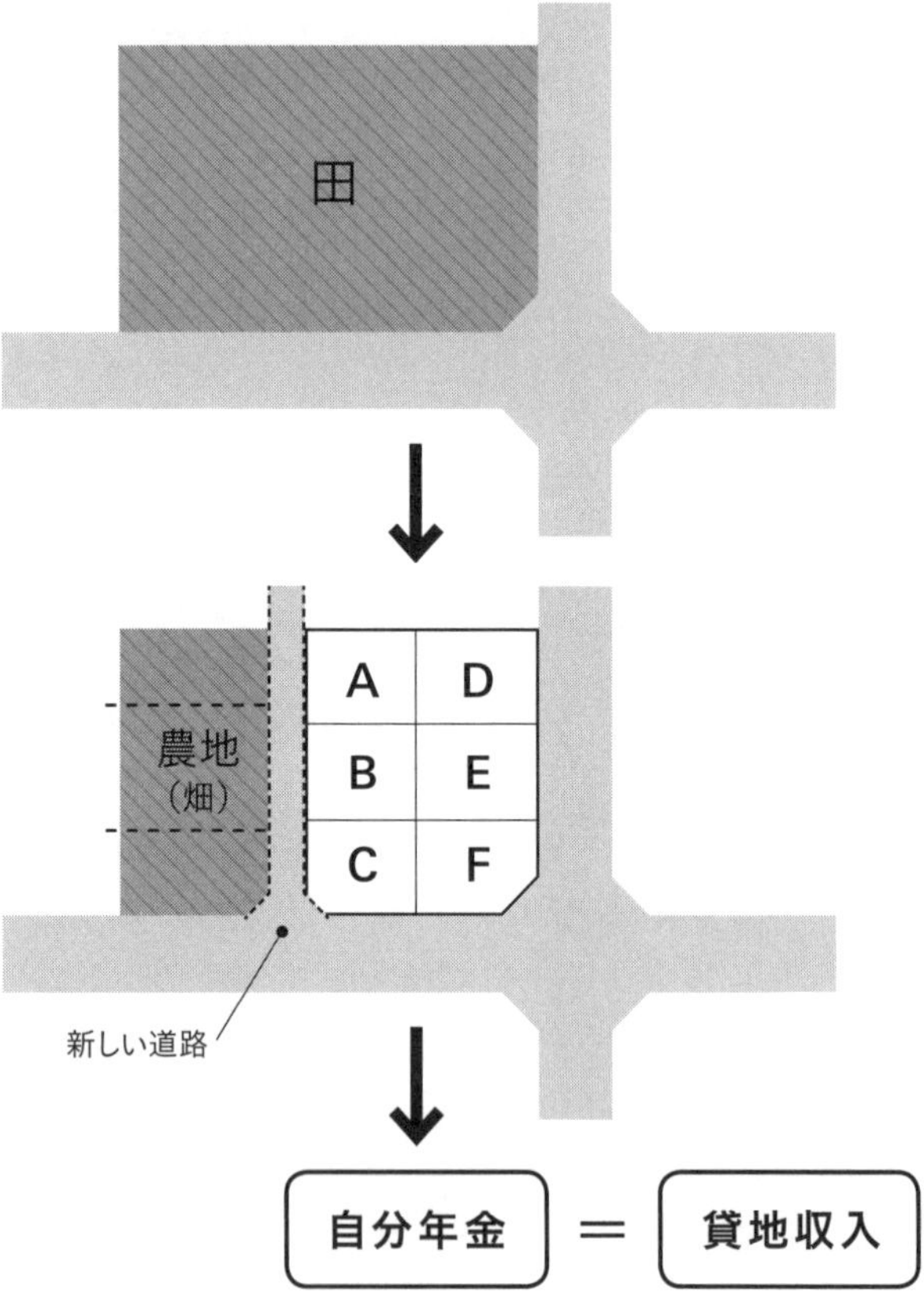

❷定期借地権の活用
こんな自宅建築のノウハウ

言うまでもなく、定期借地権制度は個人の住宅を建てる際にも、その優位性を発揮します。

参考までに定期借地権制度を利用して家を建てた場合と、土地を買って家を建てた場合とを長期的に比較して、どちらのメリットが大きいのかを試算してみましょう。

次に示すのは、土地を買って住宅を建てる場合の試算条件です。

土地：50〜60坪
建物：30〜40坪
金額：3500〜4500万円（土地と建物）

3500〜4500万円ぐらいが予算となります。これは私が在住する盛岡市の平均的な住宅建築の数値です。

これに対して定期借地権制度を利用して家を建てると、土地の購入分が不要になりますから、2000万円から3000万円で家が建ちます。

しかも、ローンを組むと、10年間はローン控除があり、ローン残額1％相当の節税になります。結果的に土地地代はローン控除の節税でまかなうことができ、相殺すると約10年間は地代がタダになると考えられるので、税対策にもなります。

土地が自分の所有ではないことにこだわらないのであれば、定期借地権制度は利用価値があります。土地利用については所有権と利用権があります。定期借地権は利用権です。

土地所有者にとっても、土地を借りた側にとってもメリットがあるのです。

改めて言うまでもなく、定期借地権制度は個人の住宅だけに適用されているのではなく、すでに説明したように、この制度を利用して、アパートを建て、家賃収入を得る仕組みを作り、それを自分年金にしている人もいます。

アパートのオーナーは土地は借地のため固定資産税の納税は必要ありません。

一方、土地所有者の側も、土地にアパートが建っているために、固定資産税の軽減措置を受けることができます。

つまり土地所有者も、アパートのオーナーも、それぞれメリットを得ることができるのです。

❷定期借地権の活用〈応用編〉

一生に3回家をつくる

「家は3回建てないと満足する家はできない」という言葉があります。3回も家を建てるなどとんでもない、一生に1回建てられればいいかどうか、様々な考えがあります。

確かに、土地を買って家を建て、数千万円の借金を作り、定年を迎えてもまだ借金が残っていて、退職金で精算と言うのが一般的な家づくりです。その後、老後の資金を考えると、建て替え等とても考えられるものではありません。

一方、3回家を建てないと満足した家ができないとはどういうことでしょう。

・新婚当時の家。子供が生まれて成長する、子育て時代の家
・やっと子供を巣立たせ、夫婦2人の生活の家
・そして老後、安心して暮らせる終《つい》の家

考えてみると、その時、その場面で生活スタイルが大きく変化をしています。それを1回の家づくりで済ませてしまおうというのだから、満足した家はどだい無理な話です。こ

れを考えると、3回建てないと満足しないというのは十分に理解できます。それでは、こんな家づくりは金持ちしかできないのかということですが、定借を利用すれば、あながち夢ではなく、現実味が帯びてきます。

まだ若年の頃の資金の乏しい時に、それなりの家を定借地に建てるとします。土地代は不要なので、当然、資金は半分で済みます。子供が生まれて子育ての時代、新たに別な定借地に、それなりの家を建てる。最初の家は貸家として貸す。残っているローン返済と家賃バランスは、当然、初期資金が少ないので返済の持ち出しの必要は無い。さらに、その後の生活の家も、別な定借地に新たな生活に合った家をつくる。そして終の住まい。設備の整った、しっかりとしたケア付きのグループホームでの生活。そしてこのケア付きのグループホームを利用する資金は、前3回建てた家の家賃収入で賄うことができるのです。

まさに3回の満足した人生の家づくりです。

そして、自分年金づくりが人生を豊かにしてくれます。

ヨーロッパでは新築ではないけれど、その時のライフスタイルに合わせて住まいを移り住んでいくのが一般的で、このような習慣が確立しているようです。

❷定期借地権の活用〈応用編〉

金持ちは定借で家を建てる。だから金持ちになる

昔ながらの資産家で、代々財産を引き継いでいる金持ちは、ハタから見ると羨ましがられています。ところが本人たちの苦しみは、大変です。資産を自分の代で減らさず、次の代に引き継がせていくために、多大な相続税、相続人同士の資産分配争い等々、頭の痛いことばかりです。ハタから羨ましがられているどころではありません。

しかし、そんな資産家も黙ってはいられません。借金をしてアパート、マンションをつくり相続税対策に備える。遺言状等により、争いの無いような対策をする。それなりに頭を使っていますが、結果的に資産がさらに増していく。

私のお客様は、自分の土地、自宅用地も含めて、土地の評価の高い所には評価を下げるためにアパート等の収益物件をつくり、自宅用地は定借用地を借りて自宅をつくっています。税金、収益のために自分の土地を活用し、収入にもならない自宅は、定借で家をつくる。このように大変合理的に事を成し遂げています。自分の土地を使って収益物件の確保をし、さらに定借による土地借地でアパート等の収益物件が増えていく！　自己防衛のた

めの手段が、結果的にさらに資産を増やしていきます。資金は、融資を受けるわけですが、信用があるから定借地でも融資が受けられるのです。

❷定期借地権の活用〈応用編〉
少子高齢化だから定借で家を建てる

近年、テレビや週刊誌等で、ファイナンシャルプランナーなる方々が、子供一人を大学まで卒業させるのに2000〜3000万円かかるなどと説明しています。そんなに費用が掛かるのなら子供は1人か2人にしようと考えている人もいます。中には、子供を持たない夫婦も増えてきています。これでは少子高齢化が進むのは当たり前です。毎日の生活の中で、子供を育てる費用がいくら掛かるなどと考えているのは、あまりにも短絡的ではないでしょうか。何か日本に平和ボケを感じます……。

とは言っても現実にはそれなりに費用が掛かるのは避けられません。そこで家づくりに焦点を当ててみると、土地を買って家を建てることにこだわり、定借分譲地を勧めても、やはり所有権にこだわる人が多いのが実態です。

子供をもうける数を減らし、生活費を切り詰め、やっと持ったマイホーム。通勤1時間、土地の広さ50坪、建物30坪。しかし定借地だと通勤10分、土地の広さ100坪、建物40坪。定借で家づくりの方が合理的です。

少子高齢化、これから日本はどうなるのでしょうか？

なぜ所有権にこだわるのでしょうか？

❷定期借地権の活用〈応用編〉

定借分譲住宅で少子化対策を！

住宅業界の分譲住宅とは、宅地40〜70坪、建物30〜40坪程度が平均です。販売購入価格も、3000〜4000万円程度。さらに購入年齢も35〜40歳くらいです。これらは、購入者から見ると決して大きさ的に満足するものではないと推察されます。しかし、現実的には資金的、経済的事情により、これ以上のものは買えないというのが実情です。

ここに、平均的な4人家族が住み、子供の成長を楽しみに暮らし、やがて子供たちは巣立ち家を出て、独立した生活をしているとします。子供たちは結婚し、子供をもうけ、親と同じような道を歩んでいく。一方で年老いた親は2人きりの生活をし、人生に終止符が打たれる。そういう具合に展開されていくのが大半ではないでしょうか。

そこで、なぜこのように核分裂のごとく家族が分かれていくのでしょうか？　若いうちは、家族だけの生活を好みますが、子供が産まれ、夫婦共働きとなった場合、果たしてどうでしょうか。

とはいえ現実的には、親が建てた土地40〜60坪、建物30〜40坪程度の家には大家族が同居することなどできるはずがありません。増築だって限界があります。つまるところ、現在の分譲住宅事情から見ると、同居したくてもできないのです。

それではどうするのか？

家を購入するのに３０００〜４０００万円の予算をすべて家だけに投入したらどうなるでしょうか？　それなりの同居可能な家ができあがるでしょう。土地は、定借で50年以上の借地。定借だと土地も広く利用でき、建物も大きく、余裕のある生活が実現できます。このようなことに対し、国の支援が必要ではないでしょうか？

土地の所有権にこだわったために、子供の少子化、社会問題等々が起きています。定借を利用しての家づくりをすることで、少子化対策になるのではないでしょうか。国が推進している働く女性の支援対策も大事ですが、このような考え方もあるのではないでしょうか。

❷定期借地権の活用〈応用編〉

なぜ所有権にこだわるのか？

定借の販売をしていると、富裕層は定借のメリットを理解して、購入してくれるケースが多いのですが、反面、低所得者層の方は、どうしても土地に対しての所有権にこだわるケースが多いようです。なぜ所有権にこだわるのかと私なりに考えてみました。

男一生の仕事として、自分の土地を持ち、自分の家を持つ。男の夢として、その土地、家を長男に引き継ぎ、守ってもらい、父としての自分が残した土地と家に、子供から感謝されることを夢に描いてマイホームを持とうとするのではないでしょうか。

しかし、現実的にはそうなるとは限りません。子供たちが相続分配、相続争いをして、それなら土地・家を売って皆で分けようと話し合いをつけるということにもなりかねません。

お父さんが描いていた夢は何だったのだろうか？

このように、土地に対しての所有権にこだわる気持ちは分かりますが、現実は思い通りにならないものです。これなら、定借で家を建て、面白おかしく過ごした方がいいのではないでしょうか。

❷定期借地権の活用〈応用編〉

35歳で家づくり。必要なのは家？ 土地？

夫35歳、妻33歳、子供が10歳と7歳の2人、2LDKのアパートに住み、家賃7万円の支払いをしていたとします。だんだん子供も大きくなり、各人が個室を希望するようになり、今のアパートでは限界がきている。もっと大きい所に引っ越すかといってもそれなりの家賃になる。それならいっそのこと、家を建てるか！ ということで一念発起、本格的に家づくりを進めていました。

しかし、土地を買って家を建てるとなると、土地代2000万円、建物2500万円、他300万円、計4800万円もします。これから子供にお金も掛かるし、給料も上がらないし……資金繰りに頭を痛めていました。

さて、この家族に今必要なのは、家なのか土地なのか、どちらでしょうか？ ずばり、必要なのは家ではないでしょう。35歳の主人、収入的にもそれ程高い水準ではない。子供はだんだん大きくなり、お金も掛かるようになります。今までの常識では、土地を買って家を建てるというのが当たり前です。だから、予算に合わせるため、土地単価の安い郊外に土地を求め、ローコストな家づくりをしているのが現実ではないでしょうか？

これが、定借を利用すると、その時必要な時期に家を求め、子育てが終わり資金に余裕ができた時に土地を購入し、資産を作ることができます。その土地か別な土地かはありますが、利便性の良い、広い土地に家づくりができます。所有権にこだわったばかりに、遠く離れた狭い土地に家を建て、通勤時間もかかり、飲んで帰る時もタクシー代が高い。マイカー通勤の危険性も高くなります。

さて、あなたはどちらの家づくりを選択しますか?

❷定期借地権の活用〈応用編〉

定期借地を利用して理想の街づくり

現在、宅地分譲による宅地は、開発や区画整理によって行政指導の下に整備されていますが、その上に建つ建物は、決して美しい街並みだとはいえません。それは、建物の建築に際しての制限が特に定められていないこと(一部で建築協定がありますが)、また、住宅を販売する側、建築主側双方の、街としての意識が欠けていることが原因と考えられます。

例えば、住宅公社や、大手民間デベロッパー等が開発する大型住宅団地は、上下水道、公園その他、土地の整備については、行政指導の下、美しく機能的にできていますが、その上に建つ建物が制限されず（用途地域・地区計画の制限はあるが）個々人が自由に、個性豊かなものにしています。外壁や屋根は様々な色づかいで作られたり、また外構工事もやっていたりいなかったりしています。自由という名を借りた、無秩序で自分本位の街が形成されているところもあります。

そもそも、公社やデベロッパーなどは宅地さえ整備されれば、そこに自然に家が建ち、そして街ができるという風に考えているのでしょうが、それは、一時的な街に過ぎません。昭和40年代以降、急激に進んだ大型住宅団地が良い例です。住宅公社や大手デベロッパーが開発した住宅地を販売するために、人気のある所には、一般募集をして購入希望者を募り、その人たちが各々、自由に自分たちで建築業者に依頼をして住宅を建てるという販売方法と、大手デベロッパーが開発した分譲地を、住宅メーカーにまとめて販売してしまう方法があります。それも取引先が多い複数の住宅メーカーに販売するわけです。

購入した住宅メーカーは、自社分譲地として、建物の建築条件付きで販売を始めていきます。まとめて数区画購入して、小規模ながらコンセプトをもって住宅を販売するところはまだいいですが、建築主の言いなりになり、周辺との調和など考えず自由な建物ができると、その影響で、その街の価値が下がるということもあります。

では、なぜこのような販売方法になるのかというと、いろいろな原因が考えられます。まずデベロッパーから見ると、できるだけ早く、その開発された分譲地の完売に持ち込みたいと思っているから、販売力のある住宅メーカーに販売します。

さらに住宅メーカーは、自分たちが仕入れた住宅地には、一定の制限をつけて、小規模ながら街並みとしての販売企画をしていきますから、他の分譲地との調和がとれず、バランスの悪い住宅地になっているところもあります。

また一方で、その宅地分譲を住宅とセットで販売する側の事情もあります。それは、ユーザー（購入者）側の経済的事情のみを最優先する価格帯にするため、どうしても土地の大きさ、建物の大きさ、形（総二階建て）などが制限され、同じような形の家づくりとなるのです。

さらに、販売のための土地を仕入れると、完売までの時間的コストに影響してきます。それは、販売に時間をかければ金利の負担が多くなり、会社の経営自体に影響が出てくるということになります。このような事情により、高い理想を持った街づくりよりも、いかに早期に完売するかということに重点が置かれ、誇りを持った理想の街づくりは遠い夢に終わってしまうのです。

❷定期借地権の活用〈応用編〉

二世帯同居から敷地内同居へ

街は本来、サスティナブル（持続可能）なものでなければならないと考えます。親が家を建て、その家を子が引き継ぎ、そして孫へと続いていくような街が理想です。しかし、核家族化が進み、現在の新興住宅地には無理が生じ、逆効果になっているように思われます。

少子化が騒がれていますが、女性の就業率も高くなり、子供を保育園に預け、夫婦で共働きをする家庭が多くなってきています。

子育てと、仕事の両立は大変なものであり、こうなると子供の数を増やすなど、制限されるのは当然と思われます。そこで、できるものであれば、お爺ちゃん、おばあちゃんに子供を見てもらい、安心して夫婦共働きができれば、子供の数も１人より２人、３人、４人……となっていくのではないかと思われます。とは言え、同居するには抵抗があります。昔からスープが冷めない程度の距離といわれるように、隣同士で住むのが理想ではないかと考えます。また、同居するかどうかもわからないのに最初から二世帯住宅を作っておくのも、おかしな話です。このようなことから、この問題を解消するポイントは土地の広さにあるのではないかと考えます。

土地さえ広ければ、隣に娘夫婦の家を建てるとか、お爺ちゃん、おばあちゃんの家を建てるということが可能となり、そうなれば、先に記したことが可能になるのではないかと思います。しかし、現実的には経済的な事情により広い土地を求めること自体が不可能に近くなってきています。以上のことからわかるように、広い土地に家ができ、街が形成され、そこに住む人にとって誇りとなり、そして子供や孫へと引き継がれ、街は永続的に続いていくことになると考えます。

この理想の街づくりのためには、定期借地権を活用した家づくり、街づくりが最適だと考えます。定借を活用した住宅団地であれば、広い土地を確保することができ、余裕のある家、街ができ、サスティナブルな街ができていきます。販売する側から見ても、土地のコストがかからずリスクがない販売となるため、時間こそかかりますが、理想の街づくりが実現可能になると思います。当然、土地を貸す所有者側にとっても、土地としての価値も上がり、確実に継承できるものです。

諸外国を見ると、歴史に残る街は、時の権力者が高い理想をもって造った町が現存して、そこに住む人たちが誇りをもって暮らしています。このような街が、定借を利用することで実現できるのではないかと思います。

❷定期借地権の活用〈応用編〉

ほとんどの人が知らない自宅建て替え

自宅が老朽化して建て替えをする必要が生じたのを逆手に取って、自分年金の仕組みを構築する意外な方法を紹介します。

普通、自宅を建て替える場合は、家財道具を運び出してどこかに預け、建設工事が終わるまで、どこかに引っ越さなければなりません。それがオーソドックスな自宅の建て替えです。

ところが従来の場所ではなく、定期借地に自宅を建てて住居を移した後、従来の場所にあった古い家を解体し、そこにアパートを建設するノウハウがあります。

この方法を取ると、引っ越しは1回ですみます。

既存住宅の解体費用は、新たに建てるアパートの建築費に含められるので、事業資金となります。

繰り返しになりますが、メリットをまとめると次のようになります。

①解体費が事業資金となるため、個人費用としてはかからない

②仮住まいをしなくてよい
③引っ越しが1回で済んだ
④新しい環境で、気持ちがリセットできた
⑤土地の有効利用ができた
⑥アパート経営で収入が得られ、新築した住宅の返済の一部に充てられ、返済が楽になった
⑦将来、アパート収入が自分年金になるようになった
⑧土地は自己所有のため担保提供できるので、アパートの建築資金の調達に問題はなかった

❷定期借地権の活用〈応用編〉
自宅の建て替えの際にアパート建築も

Fさんは、築50年を経過した住宅を建て替えようと計画しており、営業マンが折衝をしていました。

Fさんはアパート経営もしており、老朽化したアパートもいずれ建て替えをしなければ

ならないと考えていましたが、まずは住宅の建て替えを先行したいという考えでした。

担当の営業マンは、あわよくば、住宅とアパートの二棟の建物の契約を取りたいと、私に応援の依頼が来て、一緒に同行することにしました。

Fさんとお会いして話をしていると、新しい家の間取りだとか設備の話になると、話が弾み、楽しく進みましたが、仮住まいや二度の引っ越し、既存建物の解体等、いざ具体的に、新築建物以外にかかる費用が結構あることを話すと、ご夫婦ともども憂うつになられたようでした。

そこで私は、家を建て替えしないで、定期借地権付きの分譲地に新築するという提案をしました。

そうすると、仮住まいはしなくていいし、引っ越しも一度で済むし、解体費もかからない、と説明したところ、Fさんは、目からうろこが落ちたかのように納得して、すぐに契約することができました。

そこでこの機会に私はFさんにある質問をしました。それは、何十年という間ここに住んでいて、他の地域に引っ越すことで、ご近所の付き合い等で抵抗はないかと尋ねたのです。

Fさんは即座に、全然気にしないと答えました。話を聞いて私はなるほどと思いました。

何十年も同じところに住んでいると、結構トラブルがあるからです。長く住んでいれば、近隣との人間関係がよくなるとも限らないのです。

ましてや、Fさんは若いとき仕事の関係で、あちこちと転勤があったために、ご近所付き合いが深いほうではありませんでした。そのような背景から、引っ越しによりむしろ気持ちをリセットできるとのことでした。

この答えを聞いて私は安心しました。

次に今まで住んでいた家はどうするかという問題がありました。これについては建て替えをして、そこにアパートを建てていただきました。ここで解体費はかかるが、アパートの建設費の一部と考えれば、さほど抵抗はないし、税務上の経費にもなるということで契約していただきました。

担当営業マンは、想定外の2件の契約に喜んでいました。

❷定期借地権の活用〈応用編〉

一つの不動産から三つの不動産の所有へ

街中の商店街に1階が店舗、2階が住居という併用住宅があり、今は店舗も閉めて老夫婦のみの世帯になっていました。建物はかなり老朽化していて建て替えが必要な状況です。また、商店街であったため道路に面する幅が狭く奥行きが長い、いわゆるウナギの寝床のような土地です。間口9メートル、奥行き40メートルです。

さてこの建物を建て替えするには、住居併用アパートを計画しましたが、前述のような土地のため、効率のよいものはできず、困っていました。

そこで私からの提案をしました。

それは、最初のステップとして、自宅を解体し、そこを駐車場にして利用者を募ります。

第2のステップとして、この駐車場を担保にして、銀行から融資を受け、定期借地にアパートを新築します。

第3のステップとして中古マンションを購入して、そこに引っ越します。

中古マンションの購入費は、駐車場とアパートからあがる収入で支払います。

もちろんこれら三つのステップは、実際にはほぼ同時に行うことになりますが、原理としては、定期借地権制度のメリットをうまく生かした運用といえるでしょう。

定期借地に建てたアパートのローンが終わった段階で、駐車場とアパートから生まれる収益が「自分年金」となります。

❸介護事業
サブリース方式のスキームで拡大

介護保険制度が始まったのが、２０００年です。

それまでは、老人ホーム等の介護事業については、公益法人、社会福祉法人、医療法人など、特別な法人しか事業者として認められていませんでした。それが、介護保険制度が始まり、株式会社や有限会社などの民間企業が参入できるようになったことで、一斉に介護事業への進出が始まりました。今まで介護とは無縁の異業種企業が参入してきたのです。

行政も介護保険の始まりでもあるから、特定施設などのグループホームや、介護付有料老人ホームを奨励するようになりました。それまでは、特殊法人といえば、ほぼ１００％の補助金を利用できたということで、準公務員的なサービスではなかったかのように見えます。それが、民間企業が参入することで、飛躍的にサービスが向上したといわれています。

さて、介護事業に参入した企業は、どのように施設を作ってきたのでしょうか。資金力のある大きな企業は、自分たちで土地や建物を取得しましたが、資金力のない企業や新規起業家たちは、資金調達で大変苦労をしながら、既存の古い建物を購入して、それを改築したり、賃貸の建物を借りて開業にこぎ着けたケースも多くありました。

また、土地所有者に建物を建築していただき、それを賃貸して事業開始をしたところもありました。

私が初めて介護事業に参入した現役時代、それまで、たくさんの土地所有者にアパートを建てていただいたという経験から、この介護事業も私たちの最も得意とする「土地所有者に建物を建築としていただき、それを介護事業者に斡旋《あっせん》し賃貸借契約のもと事業を始めるというスキーム」、いわゆるサブリース方式で介護事業を進めました。

このような仕組みで、介護事業者向けのセミナーの開催や、銀行の勉強会等、様々な営業活動を展開しました。そして多くの介護事業所をオープンさせることができました。このサブリース方式が広まった理由としては、土地所有者側からみると、アパート以外の別な土地活用を模索していたからです。

一方介護事業者から見ると、自分たちで土地建物を取得すると、数億円の資金が必要になりますが、土地所有者に建てていただきますと自分たちは、設備や運転資金だけの数千万円で済むため、開業がしやすいということがあります。また、介護事業者は、ひとつだけの事業所で終わらず、必ず、4〜5ヵ所と増やしていこうと考えています。

これは、介護事業所の特筆すべき特徴ともいえます。それを自分たちですべて建築していくと、数十億円になり、現実的には金融機関の支援は難しいですが、それがサブリース方式であれば、実現できるわけです。

私は、介護事業者に対して、事業計画も建てたり、実際の資金融資のために金融機関との交渉も一切引き受けたりして、いわゆるコンサルとして勧めたことで、飛躍的に介護事業が広まっていきました。

❸介護事業

サブリース方式で事業者の事業リスクを分散する

前述しましたように、介護事業所は1ヵ所だけで老人ホームを経営していると、将来的には経営が厳しくなる可能性があると考えられます。それは、全体売り上げの約7割が介護保険を給付されて、事業売り上げが成り立っている事業であるからです。まじめに、ルール通りに行っていれば資金の売掛などない良い点がありますが、一方で介護保険制度の見直しや、基準変更によって大幅に売り上げに影響することがあります。

特に、近年は社会保障費を抑えるため、厳しい制度見直しによって、経営を圧迫されている事業所もあります。また、介護職員の不足により、益々厳しさが増していきます。このように、自分たちの努力以外の要素で経営が左右される傾向にあります。

さらに、入居者や利用者の急な入院や、亡くなられたりすることで売り上げが左右されるわけです。職場環境の問題もあります。例えば、入居者同士が仲が悪かったり、職員同士の人間関係が悪かったりすることで、経営にまで影響しかねなくなります。

このような事態を避けるため、事業者は数件の事業所を経営しようとしています。これは、一件一件の売り上げの出っ張り、引っ込みを、平均化することや、利用、入居希望者のニーズにこたえることを意味します。つまりグループホームや小規模多機能住宅、有料老人ホーム、サ高住など利用者の希望や状況に応じて対応ができるのです。

さらには、職員の転勤により職場環境の改善や、職員のモチベーションアップをすることができます。このようなことが、複数の事業所を持とうとする理由です。しかし、母体が大きくなると管理体制やルールづくりを厳格化しないと、致命傷になることもありますので、組織体制の強化が必要です。

介護事業ばかりではありませんが、どのような事業であっても経営を安定化するためにはリスクを分散し、リスクを最小限に抑える必要があります。

サブリースという方式で、リスクを分散することも経営の一部かと思います。

❸介護事業
介護事業者の撤退した時のリスク

前述した内容は、介護事業者の事業としてのリスク分散、経営ノウハウです。では、建物や土地を賃貸する側の、リスク分散はどうなるのでしょうか。

建物のオーナーとしては、自分の努力で経営が安定するのではなく、借り手の努力で事業が安定し、確実に賃貸料が入ってきて、はじめて事業が安定することになります。これは歯がゆい部分がありますが、賃貸経営の宿命です。オーナーとしては、利用者や入居者を積極的に紹介することしかできません。ひょっとしたら、自分がお世話になることもないわけではありません。

では、オーナー側のリスクを最小限に抑えるためにはどうしたらよいのかを考えます。

まず、私の事例を紹介します。現在、私は老人ホームを3ヵ所賃貸しています。その3ヵ所はすべて別々な事業者です。普通でしたら、一つの事業者とすべて賃貸借の関係を持つところですが、これは私自身のリスク分散のためです。

事業ですから、ひょっとしたら、撤退や倒産することもあるかと思います。その時すべての賃貸建物を一つの事業者に貸していれば、一気にすべての賃貸契約の解除となります。損害賠償や訴訟をしたって解決するには相応の時間がかかり、決して貸主が有利になるとは限りません。むしろ長引くことで不利になることが多いようです。

これが、別々な事業者に賃貸していると、一斉に撤退や倒産することは限りなく少ないと考えられます。オーナーにとっては家賃が入らなくなれば、銀行への返済ができなくなるから一番困るわけです。

また、複数の事業者に賃貸していることで、そのうちの1ヵ所が撤退した場合、他の2ヵ所の事業所への引き継ぎの交渉がしやすいのではないかと考えています。

私は、このようなことで最小限のリスク分散をしています。

では撤退した老人ホームはどうなっていくのでしょうか。結果的にはどこかの介護事業者が引き継いで継続しています。しかし、オーナーから見ると、新たな賃貸契約条件は厳しいものだと思います。これらを最小限に抑えるためにも、ほぼ身内（賃借人）との交渉で、あまりオーナー側の不利にならないような交渉ができるのではないかと思います。

ちなみに、前述したように、事業者は複数の施設を求めようとしています。それが何らかの事情で、新たなテナントを募集していれば、前事業者の撤退理由にもよりますが引き継ぐ側にとっては、おいしい物件と言えます。

それは、その老人ホームには入居者はいるし、職員もそろっている、備品関係もすべてそろっているので、即営業ができるからです。

新規で事業を開始するときには、少なくても5000〜6000万円の資金が必要で、事業が軌道に乗るには半年から1年の期間がかかると言われています。それが、いわゆる「居ぬき」の状態で引き継げればこの上ないラッキーなことです。

引き継ぎ先は、見つけやすい傾向があります。ただし、安く売らないためにも、間に入るコーディネーターが必要です。その際、たとえ不動産業者でもあまり介護事情に詳しくない人はお勧めできません。

数年前、大手の介護事業者が事業撤退を発表した時に、公式ではありませんが、行政が別の大手介護事業者へ斡旋をして、事なきを得たということを記憶しています。

老人ホームには、お年寄りがお住まいになっていますから、事業者の都合で倒産しましたとか、撤退しますとか言われても、入居者保護の観点から、許可権者が介入せざるを得ないわけです。

このように、私見ですが介護事業は他の事業と少し違う分野であると考えられます。介護保険（税金）の利用、入居者（生活弱者）の保護等々のことを考えた場合、賃貸する側のリスク回避を少なくすることではないかと考えられます。

❸介護事業

介護事業者は大手が安心か？ 地元の中小の事業所は？

よく介護事業のマッチングで、貸す側、つまり地主側から見ると、建てて貸したはいいが、その会社が倒産やら廃業によって解約されたとき大変だ、だから、大きな会社でないと安心できない、ということをよく言われます。確かに借りてくれるところが資金力もあり、経営能力がある方が、安心して貸せるという考え方があります。一方、新規事業者が初めて会社をつくり、初めて介護事業をする、という会社に貸すというのには、いささか抵抗があり、資金を融資する金融機関から見ても、過去の実績はないし、そんな介護事業者は大丈夫かなどとよく言われます。

確かに誰が見ても安心して貸せるのは大手の会社のように見えます。一般の事業所で、まったくの新規事業者に対しては、不安が残るのも当たり前の話です。しかし、介護事業に関しては、他の異業種と違って別な要素があるのではないかと思います。

近年、大手介護事業者の中でいろいろな事故や災害、トラブルなどが起き、別会社に転売したり、合併、吸収等が行われて、最初に契約した会社が変わっているということが多々あるようです。

介護事業所が倒産したり撤退する場合、大きく二つのプロセスがあると思います。一つは、異業種が介護事業に参入してきたものの、本体事業の悪化によって、一緒に倒産するという場合。もう一つは、介護事業は介護保険という、いわば、税金を使った売り上げ構造であるがために、事業所での不正行為によって、免許取り消しになって事業継続ができず、倒産、撤退する場合です。

近年の事例でも、大手事業者が、ある支店事業所で起きた不正行為による免許取り消しにより撤退し、その権利を他社に売却した事例があります。また、あるところでは職員の犯罪によって、事業継続ができず、会社自体を身売りしたという事例もあります。サブリースで、貸しているオーナーから見るとたまったものではありません。

大手介護事業者を否定するつもりはありませんが、往々にして、大手介護事業者にも大きなリスクがあります。それは各支店事業所がたくさんあることにより、そこで起きるリスクは避けられない場合もあり、ひいては事例のような事態を起こしかねないことが考えられます。

一方、地元の小さな介護事業者はどうか？　そもそも、介護事業は地域密着という理念のもとに成り立っています。地域の人が経営をして、地域の人がそこで働き、地域の人が利用する。そして地域の食材や生活用品等を利用し、地域の医療の助けを受ける。万が一、災害等が起きた場合、地域の人たちの力で助けをいただくことになります。

そして、その事業者が企業としての利益を出した場合、税金という形で地域に還元する循環で成り立っています。また介護保険という制度は、利用者が介護サービスを受ける制度ですから、大手の事業者も地元の小さな事業者も、基本的には売上構造は変わりません。これらのことを、総合的に判断して決定するべきと考えられます。

企業としての経営方針で、利益追求方式の考えか利用者優先方式かということの考えもあります。当然ながら、企業は利益を得なければ、事業の継続ができなくなります。そのことによって利用者、職員、そして、それらの人たちに対しての保証をしなければならない責任がありますから、当然ながら利益を上げる経営が必要です。

要は、大手とか小さな事業者とかで判断するのではなく、介護事業としての本質を見極めて判断することが必要です。

ちなみに、撤退した事業所は引受先があり、建物としての役割は続いています。当然ながら介護事業所としての利用です。

❸介護事業

介護事業所のマーケット

昔の老人ホームのイメージは、結構山奥に作られていた印象があります。当時は社会福祉法人や公益法人、医療法人しかできない事業でした。国の補助金をほぼ100%近く受けてできた事業です。そのために、建設費の見積もりを上乗せして、土地取得費を補うため、安価に広い土地を求め、山奥への開設が行われてきました。事業者が、入居者に向けては「老後は自然豊かなところで穏やかに住まわれる」などのキャッチフレーズで募集していました。何のことはない、いわゆる「姥捨て山」的なところがありました。いわゆる社会福祉法人とはいえ、事業者側の都合でのことでした。

近年の老人ホームの傾向は、利便性が良くて限りなく中心地に近いところを狙って建築されます。事業者側が求めるということは、利用者が求めているといってもいいのではないかと思います。

高齢になって、どうせ自分では何もできないのだから、別にどこでもいいではないかという考え方の人もいますが、人間としての尊厳を保つことは大事です。

もう一つの理由は、入居の決断を下す家族の心理です。家族にとって、自分の親、もしくは配偶者を老人ホームへ入れるという、後ろめたさを解消するために、できるだけ良いところに住まわせたいという心理が働くことだと思います。また前述したように、万が一、賃借人が撤退した時に、次の事業者に対して「安売り」しないようなところを選定したいと思います。

介護保険の制度や、サ高住の補助金制度が始まり、異業種からの事業参入が多くみられますが、そんなに多くの事業者が、順風満帆なわけではありません。むしろ安易に考えて参入した、場所もよくなく、サービス体制が整っていないところは、現実として倒産や撤退が始まってきています。あまり場所や建物が良くないところは引受先もないようです。

このように、これから高齢者の増加により利用者もマーケットも増える傾向はありますが、安易な事業参入には慎重な検討が必要と思われます。

❸介護事業
介護事業者が安定した経営をするために

介護事業者が、施設や老人ホームを次々に作り、経営に安定化を図りながら、事業を拡大しています。一方、拡大したいが、職員が集まるかどうかで、次の展開を控えている事業者もあります。

さて、職員を募集して確保するには大変のようですが、職員が集まっているところには潤沢に集まっています。なぜ職員が集まらないか、と考えた場合、一番の原因は、人間関係です。

もう一つは、経営者の経営ビジョンがしっかりしているところには、よい人材が集まります。職員からの信頼の厚い人の事業所は、職員の定着率が高いようです。

そこで次のような提案をします。介護事業者は介護事業の展開ばかりを考えていますが、このような方法はどうでしょうか。介護事業者が、自ら老人ホームを建築して、その建物を別な事業所に賃貸させるのです。

このようにして賃貸事業で、安定的な収入を得ることによって本業の事業を安定させるというスキームです。万が一、貸している事業者で、倒産、撤退等が起きた場合、それを自分たちが引き受ければよいわけです。当然ながら利用者はいるし、職員もそろっている、さらには設備等のインフラもそろっていますから安心できると思います。いろいろな観点から研究し、今の事業を安定させるのが重要だと思います。

❸介護事業

介護事業所の経営術

私は介護事業者の特徴をたくさん見てきました。そのうちいくつかのパターンがあるように思えてきました。

介護事業を始める人（社長）の出身は様々です。元々の異業種からの参入の場合、経営者は介護についてまったくの素人が多く、意外と安易に考えて参入する人もいます。そのために事業が始まっても、なかなか経営がうまく進まないこともあるようです。一方、介護施設や病院に勤めていた介護士、看護師が自ら起業するということが多くあります。

この場合、この人たち（経営者）は医療や介護についての技術や知識については完全なプロフェッショナルですが、経営や資金繰り等についてはまったくの素人が多く、会計士や税理士たちを頼りにしています。

私の経験の中で、事業を開始したが、経営状態が厳しいから、家賃の減額や家賃支払いの猶予を申し出てくるところもあります。それらは誰からのアドバイスかと聞いてみると、会計士や税理士からだと聞き、愕然とした記憶がありました。

そこで、では、会計士から、売り上げを上げるために何か営業戦略や企画の指導を受けたかと聞くと、何もないということでした。本来事業を始めるためには、売り上げが上がるような施策があって、それから経費削減が始まらなければならないのを、おかしな方向へ指導されているケースが多いようです。

この場合、私であれば次のようにアドバイスします。入居者確保のため病院や、ケアマネジャー等の事業所への定期訪問や、施設の特徴のアピールの仕方、具体的には、チラシ作成、毎日のミーティング、ＯＪＴ、それに営業戦略の指導です。それにより入居者や利用者も増えてきて、事業経営が順調になっていったことがあります。

私も長く営業という職種でしたので、このようなアドバイスができたと思っています。

介護事業の経営は、やはり地道な活動や、人に対してのことをしっかりすることが大事なことだと思います。賃料の減額等をすることで、信用を無くし、最後に自分たちに返ってくることになることを、考えてみる必要があります。

❹その他の土地活用

トランクルームで活用した！

私が手掛けた時は少々時代が早すぎたかもしれませんが、トランクルームを設置したケースを紹介しましょう。

Cさんの家族は、両親、本人夫婦、子供が2人の計6名の3世代の家族でした。家業は建設業を営んでおり、皆さん忙しく働いていました。

Cさんの奥さん（お嫁さん）は、実家の相続によって、2ヵ所の土地を所有していました。

一つは、街中ですが、狭小地で間口5m、奥行き40mという俗にいうウナギの寝床の土地でした。

もう一つは、区画整理地の土地で形状もよく、利便性の良いところでした。

私の直接のお客様ではなく、メンバーが商談していたお客様で、同行していろいろと話を聞いてみると、区画整理の土地にアパートの建築を計画しているが、狭小地の活用で悩んでおられることが分かりました。

担当の営業マンは、狭小地の土地をそっちのけにして、アパートばかりを勧めていましたが、これではお客様の心理をつかめてません。

そこで私は、トランクルームを設置する提案をしました。計画地は街中で、周辺にはオフィスビルやマンションが建っていて利便性が大変いいところでしたが、土地の間口が狭くて駐車場にして貸すのにも無理がありました。そこで、前々から考えていたトランクルームの話をしたのです。

するとCさんは、大変感動され、ぜひ、それを作ると決意されたのです。話はトントン拍子に進んでいきました。

しかし、実を言えば、トランクルームについては、当時まだ私も経験がありませんでした。お客様に勧める前に自分でそれを作って、ノウハウを集積してから営業しようと考えていたのです。そこで、正直にそれを話しましたが、どうしてもこの土地はトランクルームでの活用をしたいとの希望でした。

完成したころは、利用者を確保するのに苦戦しましたが、少しずつ利用者も増え、今では順調に進んでいるようです。

❹その他の土地活用

貸し農園で活用した市街化調整区域の土地

私が現役中のお客様で、Sさんという方がいました。兼業農家の方で、ご主人は、農業高校の先生でした。農業は奥さんや、ご両親がやられていて、いわゆる三ちゃん農家でした。その方にアパート数棟、定期借地用地の貸地等を作っていただきました。

目的は、相続対策と安定収入の確保です。農業は天候や様々な状況で、不安定な収入になることがあります。幸いにして、高校の先生をしていたことで、収入は安定していますが、いずれ定年が来ることを考えた場合、安定的な収入が必要になるからです。

ある時、Sさんから、使わない土地の売却依頼がありました。調べてみると、その土地は、市街化調整区域にあり、一般の人たちに対して売買ができない地域のところでした。農業経営者は売買できますが、ほとんど需要はないところです。

それではと思い、Sさんに貸農園のご提案をしたところ、承諾をいただき、私が手作りで貸農園の看板を作って設置してあげました。幸い、近隣に住宅団地があったことで、そこに住んでいる人たちが、家庭菜園用地として借りたいと、すぐに15区画の用地が決まってしまいました。ちなみに私も2区画を借りて、畑を作って楽しんでいます。Sさんにとって、土地から得られる地代は大したことはありませんが、土地を荒れ放題にしているより、たくさんの方が家庭菜園で利用していただくことで、その土地の管理をせずに済むことがメリットです。人に喜ばれ、そして最小限の管理で済むことができた提案だと思っています。

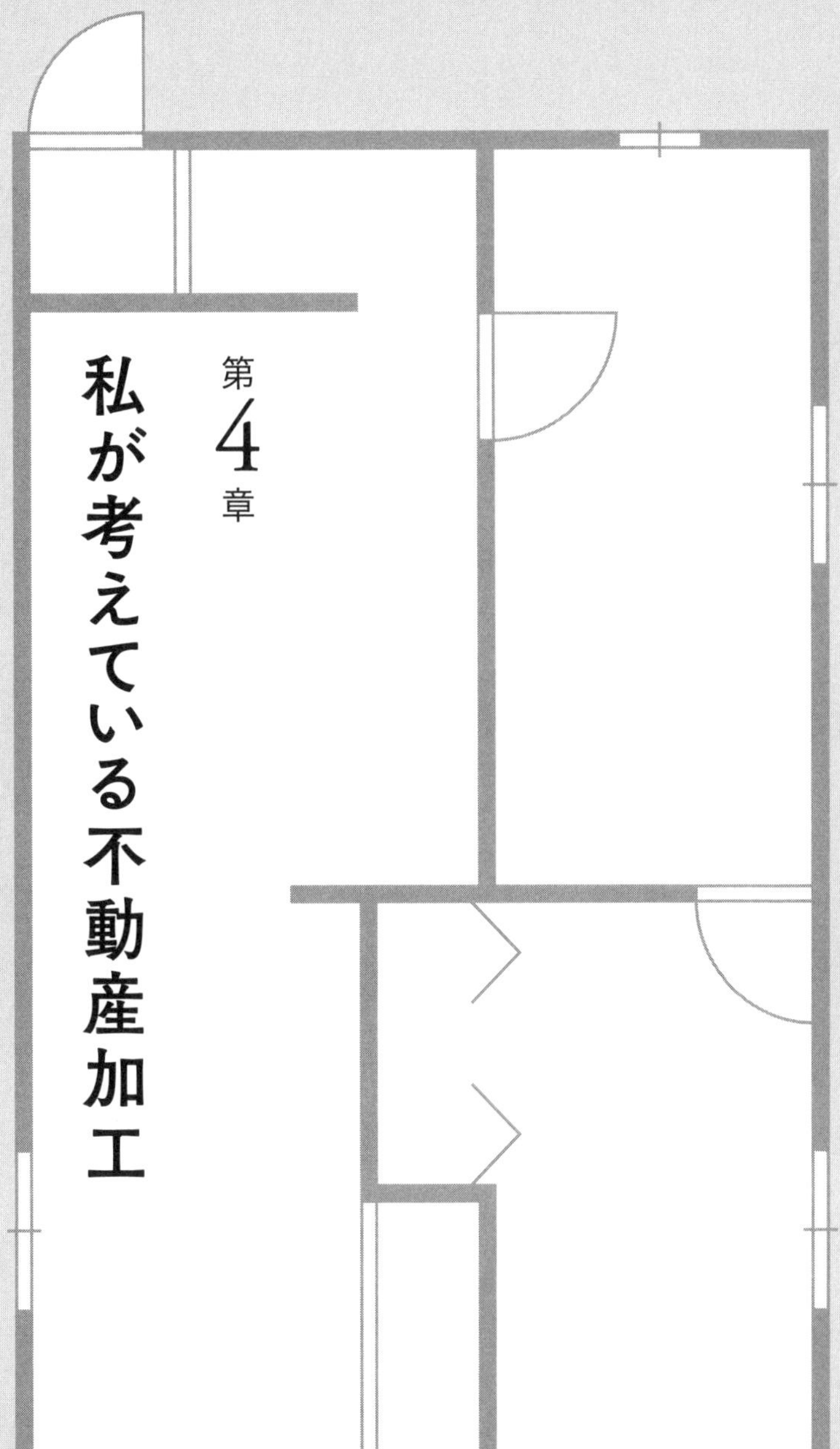

第4章 私が考えている不動産加工

不動産加工とは

さて、「不動産加工」の定義です。世の中の「物」というものはほとんどが何らかの手を加える、つまり加工されてその「物」を価値あるものに変えて、人々に喜ばれています。「不動産加工」とは、不動産に何らかの加工をすることにより、その不動産を最高な価値あるものに変えていき、世の中のために、そして所有する人のために変化させることと、考えています。

不動産の使い方は大変多くあります。使い方によれば大きな差が出ることもあります。それは、短期的な視点、中・長期的な見方によっても、使い方を間違えると大きな損失を生み出すこともあります。それを時代に合わせた、経験に基づき、新しい発想のもと、様々な研究を重ね、その不動産を最高の「物」に仕上げていくことが、私が考えている不動産加工であり、それらを取り扱う者の責任と考えます。

「不動産加工」で社会的価値、経済的価値、持続的価値が向上する

不動産は、加工により大きく三つの価値が形成されると考えています。一つ目は社会的価値、二つ目は経済的価値、三つ目は持続的価値と、位置付けています。これらは密接に関係し、これらの価値を維持することで、周辺地域社会に良い影響を与え、よって不動産の価値がさらに向上する好循環を生み出すことができます。例えば、大きいものであれば、公共事業による美術館とか博物館、また、その街を象徴する建物等が考えられます。

身近なものでは、保育園とか老人ホームが考えられます。もっとも保育園については近隣から、うるさいから、建設に反対されるケースもあるようですが、一部の偏見でみられるケースを除き、社会には必要なものであることから、三つの価値が生まれてくるものではないかと思います。一方、環境を阻害するものや風俗的なものにより、一部の価値が強いものには、なかなか社会から厳しい見方がされることもあるようです。このような場合、将来的に持続することが困難になることも考えられます。

不動産を加工する技術

これも当たり前のことですが、不動産を含めほとんどあらゆるものは、加工を経てはじめて付加価値が生まれるのです。

あなたの身の回りにある商品を観察してみると分かることですが、すべての商品にはなんらかの手が加えられています。

食卓にのぼる魚ですらもその例外ではありません。

われわれは釣ってきた魚を、猫のように生のまま頭からかじりついて食べるわけではありません。刺身にしたり、焼いたり、煮たりして口にします。また、乾燥させて長期間保存できるように加工することもあります。

鉄にしても、鉱石から作られた鉄板をそのまま使用するわけではありません。鉄板を延ばしたり、プレスしたりして、それぞれの用途に合致するように加工してはじめて鉄の価値が生まれるのです。

人間が歩んできた歴史そのものが加工の歴史と言っても過言ではありません。

狩猟民族だった太古の昔から日本人は、農具などを加工して、より多くの農作物を得ようと努力してきました。それは生き延びるための努力でした。

私の父も北海道の開拓民の子孫で、乏しい農機具を代用するために様々な工夫をしていました。

農業はもともと種を植えて作物を収穫するだけのものでした。しかし、農薬を使ったり、品種改良を重ねるなどの努力で、収穫量は増えていきました。

さらに最近では、野菜工場で野菜を「生産」しています。

これらはすべて加工がもたらした成果にほかなりません。

私の出身地である北海道でも、米の品種改良によって、米の質だけではなく生産量も飛躍的に増えました。

かつては、本州で収穫される同じ量の米を北海道で収穫するためには、本州の3倍ぐらいの農地を要したのですが、「加工」により北海道の農業も変わりました。今では、味のよいブランド米の産地になっています。

不動産についても、利用、活用という中で、様々な加工がされて使われてきました。また、時代時代によって、その使い方や、その時のブームによって流されたこともないとは言えません。一概に不動産というのは、大きなニュータウンプロジェクトやリゾート開発、都市開発などから個人住宅用土地の取引まで、非常に幅広い分野があり、巨大な資金が動いています。大手企業は、資金力や技術力などによって大きなプロジェクトを成立させていますが、我々のような零細な不動産業は、常に勉強を重ね、大手がやらない不動産を扱うことですが、そのためには、不動産を加工する技術を身に付ける必要があると思います。

東北新幹線・新花巻駅の悲劇

仕事の関係で私は、月に1度ぐらいは新幹線で盛岡から上京します。そのたびに新花巻駅を通過します。この新花巻駅の周辺を車窓から観察してみると、不動産開発をしなければ、不動産の価値も上がらないことがよく分かります。

実は新花巻駅は、市の中心街から5キロぐらい離れていて、新花巻駅周辺の開発はほとんど行われていません。

駅ができた1985年当時の面影が、ほぼそのまま残っています。もちろんホテルなどは建っていません。そこでこの駅で下車した人は、タクシーやバスで市の中心街へ出てしまうのです。

この地区が商業開発されない大きな理由は、駅周辺の土地が、投資家によって買い占められているからにほかなりません。

投資家が土地を買い占めた理由は、商業開発するためではなく、新花巻駅の開通によって自然に地価が値上がりし、転売により莫大な富を得られると考えたからでしょう。バブルの時代ですから、そういう発想をもつ人が多かったわけです。

しかし、地価というものは、付加価値がなければ上がりません。地価そのものが外的な条件とは無関係に上がったり下がったりすることはないのです。花壇を手入れしなければ、花が咲かないのと同じ原理です。放置しておいて、価値だけが上がっていくと考えるのは誤りです。価値が高まる背景には、かならずそれに付加価値が加わっているのです。

新花巻駅前のケースにしても、商業施設やビジネス施設などを開発することで、はじめて集客力が増し、ビジネスが成立し、それに伴い地価も上がるのです。不動産とは、そういう生きた性質のものなのです。

その不動産の価値を高めるために加工を加えるプロセス。それが不動産加工にほかなりません。駅周辺の土地を買い占めた投資家たちは、そのためのノウハウを知らないから、土地などの有効利用ができないのかもしれません。街をつくるという考えでなく土地の値上がりを求める利益主義から、土地が宝の持ち腐れとなっているのでしょう。

魚の調理法がいろいろあるように、不動産運用の方法もいろいろありますが、ほとんど知られていないのが実態です。

不動産の「加工」を行う際には、目的をはっきりした上で最もかしこい方法を選びたいものです。

不動産加工で不動産の価値を取り戻す

不動産の価値を取り戻すとはどういうことなのでしょう。

不動産の価値が上がったり、維持したり、下がったりする背景にはいくつかの要因があります。

外的な要因と内的な要因が考えられますが、外的な要因とは、郊外型店舗の進出や都市計画等により環境が変化して、不動産の需要が変わり、価値の変動が起きるということです。例えば、駅前商店街のストリートで新しい都市計画道路が実施され、人の流れが変わり、既存商店街の機能が低下して不動産価値が下がるなどです。

また、内的要因とは、自身が積極的、合理的にその不動産に対してコストをかけたり、将来予測をしながら維持していくものを意味します。

例えば、アパート経営をしている場合、建物や設備、駐車場、植栽などをよくメンテナンスにかけることで入居率や家賃変動を極力抑えることができます。ところが経費削減ばかりしていると入居率の低下や家賃の下落が生じます。

また、将来は改造して老人ホームや、障害者グループホーム等に切り替えるかなど、常に新しい可能性を研究しておくことも大事です。それにより不動産の価値を上げたり、維持していくことも可能になるからです。

外的な要因は、自分の努力だけではどうすることもできません。例えば都市計画などは数十年前から計画されており、都市計画図も公表されています。いつ実現するか分からなくても、計画がある以上いつかは実現するわけですから、意識してその時に備えておくか、何もしないかによって、将来、大きく差が生まれます。

内的な要因は自分の努力で改善することができますから、本気で知恵を絞って、チャレンジしていくことが大切です。なんといっても自分の資産は自分で守っていかなければなりません。黙っていては誰も助けてくれません。いずれにしろ本人が意識をして様々な手を講じるかどうかで、不動産の価値は大きく変わります。

トータル家賃という考え方

賃貸の建物において、トータル家賃という考え方があります。建物を貸すオーナー側から見ると「家賃」となりますが、借り手側から見ると家賃＋水道光熱費ということになります。

生活をするためには水道光熱費は必ずかかるものですから、毎月の定期的なトータル家賃ということになるわけです。家賃の設定をするには、周辺の家賃相場や建設コストから計算された、いわば収益還元ということから設定されます。これが水道光熱費を下げることができたら、借り手側から見ると大変喜ばれます。例えばオール電化や太陽光発電を屋根に設置をして、それを入居者に還元してあげることです。こうすることができれば、競合には強く、入居率の高い経営を目指すことができます。

しかしこれらの設備を設置するにはイニシャルコストがかかりますから、どうしても家賃を高く設定しなければなりませんが、それでもトータル家賃で入居者にメリットがあるようにすればいいわけです。

例えばガスや灯油などを熱源とされた家賃が7万円／月、水道光熱費が3万5000円

／月、合計10万5000円／月とします。これをオール電化＋太陽光発電付きにした場合、水道光熱費を1万2000円／月まで下げることができれば、家賃を8万3000円、合計9万5000円／月になりトータル家賃は安くなります。

現実にこのような設備にすると約3分の1までコストダウンできました。このようにオーナーは単に家賃だけではなく、トータル家賃としての考え方を持つことも重要なことだと思います。これは、新築アパート、中古アパートの改築、さらには大型店舗などにも当てはまります。設備を変えることにより、経済的にも経営的にも大きなメリットが生まれます。

ニュータウン、今やオールドタウンの現状と空き家対策

昭和40年代に始まったニュータウン計画。当時は山を切り開き、大型の住宅団地が公団、公社の下で行われていました。まだ日本の住宅供給が行き届いてはいなく、また、日本の高度成長の足掛かりになり、所得倍増という、国のスローガンのもとで核家族化が進み、住宅の供給が追い付かず、まず、質より量の供給が全国各地で行われた、ニュータウン計

画です。

当時は、人々をニュータウンに引き付ける魅力がありました。

高度経済成長の時代、家をたくさん建てることは国策でもありました。実際、国が住宅公団や住宅供給公社を作り、住宅を増やしていきました。

LDKの間取りになっていて、それが当時の人々の憧れでした。

こうした最先端のニュータウンに知識人や文化人が住まわれると、さらにステータスが上がり多くの人が集まってきたわけです。○○先生があの団地に住んでいるから、自分も同じ団地に住みたい、というわけです。

道路の整備が進み、上下水道、都市ガスの都市機能、学校、公民館、公園、交番等が計画的に整備されました。また中心地には大型スーパーが誘致され、銀行、郵便局等が集中し、商業地と住宅地の分離を目指し、住環境の整備がされました。

一戸一戸の宅地も広く取り、歩道をつけたり街路樹を配備したりして、インフラも十分に整備され、さらには市内中心地への道路整備、交通網の整備でバス、電車等も開通しました。一つの町ができあがるというのは、こういうことかと思わせる計画の実現です。まさに公団、公社でなければできないようなプロジェクトでした。人々はこのような夢のようなニュータウンでの生活にあこがれ、何十倍もの抽選を通り抜け、住まいを確保、文化的な生活に向かっていったのでした。

あれから40年！　当時は若かった家族世帯も、今では70代、80代、90代へと高齢化しました。子供たちは都会へ流れ、このニュータウンは今やオールドタウンに化してしまいました。住民たちは、中心地のスーパーへの買い物もままならず、タクシー等の営業車を利用していたり、1週間程度の買いだめをしている。スーパーも売り上げが下がってきているのも否めません。

このような中、ある家庭は、街中のマンションに移り住んでいって、今までの家を売却をしようとしていますがなかなか売れません。貸家にしてもいいがなかなか借り手もなく、現在空き家になっています。

最初は、たまに来ては掃除をしたり草取りをしたり、植木の剪定等の管理をしていましたが、本人たちも高齢化してだんだんと荒れ放題となってきました。また、ある家庭では、こどもたちは独立して、それぞれ住まいを構え生活をしていますが、両親も亡くなり、相続問題がこじれ、実家の家もそのまま放置されています。

このように、いろいろな事情があるにせよ、今後ますますニュータウンでの空き家は増加していくことは明白です。行政はいろいろな施策を試みていますが、これといった効果がなく、お手上げ状態なのが本音かもしれません。また民間レベルでも、空き家バンクや空き家管理等を通して、所有者に対して賃貸や売却を勧めたりしていますが、あまりうまくいかないようです。

さらには高齢者が多いので、空き家を改造して老人ホームにするという案も出ていますが、一軒家を老人ホームにしても、そんなに多くの人を受け入れられるわけではなく、事業採算が合わなくなります。ましてや、老人ホームにするとなると、スプリンクラーの設置など、法的基準をクリアしなければならないので、かなりハードルが高くて現実的には厳しいものです。

さて、行政はいつまでも空き家にして放置しておくと、固定資産税の軽減特例をできなくする方向で法律を変えてきました。また、空き家が放置され危険だと判断した場合、行政が強制的に解体してその費用を所有者に請求することができるようにしました。

ちなみに、住宅が建っている土地は、土地面積２００㎡／戸につき固定資産税が６分の１に軽減されます。２００㎡を超える部分については３分の１に軽減。例えば、２００㎡の更地の土地が固定資産税が年間12万円だったとすると、その上に住宅が建っていることで６分の１になるため２万円で済むということになります。

これが、軽減がなくなり、12万円になると、所有者はたまったものではありません。こうして売却なり賃貸にすることを促進させるのです。

ニュータウンの再生。空き家対策

そこで私からの提案（不動産加工）になるわけですが、そもそも、街が街として継続するためには、若い人たちが住み、子供が増えて活性化し、そしてまた、次の世代へとつなげていかなければ、継続どころか、街の崩壊、ゴーストタウンになってしまいます。

こうなると、不動産の資産価値はなくなり、ますます売買や、賃貸市場がなくなり、資産の消滅になってしまいます。

それでは、若い人たちを呼び、住んでもらうためにはどうするかという問題があります。貸家等の一時的な住まいではなく、マイホームとしての定住者の増加をどう進めるかという問題です。

そもそも、街が活性化していかないと、あまり人が集まって来ないものです。そして老人ホームとしての利用もいいですが、街には若い人たちは、ますます住まなくなるだろうと考えられます。

さて、本題に入ります。私の提案は、定期借地権の活用です。これについて解説します。

まず、空き家にしている所有者側から見ると、不動産を売りたいが希望通りで売れないし、安価で売るのも嫌だし、建物を解体して更地のほうが売りやすいが、解体費も相当かかるし……。

さらにはこの家には、思い出がいっぱい詰まっているし……などとなかなか、踏ん切りがつかないというのが現実だろうと思います。

一方、これからマイホームを持ちたいという若い家族たち側です。

近年は、私が住んでいる盛岡でも、土地を購入し、家を建てると3000万円から5000万円かかります。もっとも土地の場所や広さ、利便性、建物の大きさ、内容によってまちまちですが、このうちおおむね3分の1程度が土地の価格で、それ以外が建物代です。

もし土地代がかからなければ、もっと大きい家を建てることも可能だし、ローンの返済も安く済むことができ、安心して家を建てることができます。

ここで定期借地権での家づくりです。前述のように、空き家にしている所有者と安価で家を建てたい家族を結びつければ実現できるのです。空き家の所有者は先に書いたように悩ましい現実がありますから、それを借地にすればいいわけです。空き家を放置していると、固定資産税はかかるし、強制的に解体されることもあります。その際、解体費の請求をされたり、ご近所に迷惑をかけたり、自分たちも歳をとっていくし……といい結果は生まれてきません。それならいっそそのこと、建物を解体して土地を貸すという選択肢があるわけです。当面は貸しておいて、将来その貸した方から購入したいといわれるかもしれないわけです。

当然、借りた方がその上に家を建てれば土地の固定資産税は6分の1に軽減されるわけです。

では、解体費は？　ここで提案ですが、所有者、土地を借りて家を建てる人、その工事を請け負う工事業者、それに役所が応分に負担すれば所有者も負担が少なくなり、それぞれにメリットがあるはずです。

もう一つの問題は、住居には思い出が詰まっているということです。

これは本人の、踏ん切りと決断でしかありません。あまり時間をかけすぎると、自分が思い出になってしまうかもしれないわけです。思い出のものをトランクルームなどに預けると、思い出も薄らいでいくようです。

では、借りて家を建てる人はどうでしょう。そもそも、借地で家を建てるか？　という疑問です。結論はイエスです。

近年の若い人たちは決して所有権にはこだわってはいなく、合理的に考えています。安価に家を建てられるのであれば飛びついてきます。安価といっても決して安い家ではなく、しっかりとした家です。単に土地購入費用がなく、相対的に安価だということです。

もともとニュータウンとして作られた住宅地ですから、インフラは整備されているし、学校、スーパー、公園等も整備されている。市内中心地の交通網もしっかりしている。ましてや、なんといっても土地が広いのが特徴です。家を建てて、駐車場も3台確保でき、それでも広い庭があり畑も作れる。休日には庭でバーベキューなども夢ではない。ひょっとしたらピザ窯なども……。

若くして家を建てると、子供たちも小さいから、楽しい生活が長く継続できるわけです。

もちろん借地といっても地代はかかります。しかし、現在の税制から見るとマイホームを建てるために住宅ローンを借りると、借入残高の1％の減税が受けられます。具体的にいうと2500万円の住宅ローンを組むと年間25万円の税金の還付が受けることができます。これが10年続きます。さらに土地の固定資産税は払う必要がなく、それらを計算するとほとんど地代はかからないことになるわけです。乱暴な言い方をすると10年間、タダで土地を借りたことと同じだといえるわけです。

さらには、将来余裕ができたら土地を買い上げることも可能かもしれません。定借で家を建てるということは、将来には現在あるような空き家問題は起きないのです。このように、これからの人たちは土地の所有権より、利用権を確保して自由な家を建て、将来に、つけを残さないという考え方に抵抗がないようです。

さらに、このような方法はどうでしょうか？

空き家になっている建物を、土地と建物を分離する方法です。

土地は定借で賃貸して、建物だけ売買する方法です。建物は築30年以上経過しているので、例えば50万円とか100万円程度の売買です。購入した人は1000万円程度かけて大規模なリフォームをしてマイホームにするのです。建物は自分の所有だから自由にできるわけで、状態にもよりますが、それでもかなり安価に求めることができることになります。当然ローン返済も安く済み、今、入居しているマンションの家賃より少なくて済むかもしれませんから、購入者側には大きなメリットがあります。

さて築30年以上経過している建物は大丈夫だろうかという面もありますが、意外と骨組み（構造）はしっかりしているもので、リフォームの時に悪いところを修繕すれば、案外丈夫なものです。このような取引ができれば、所有者側も解体費負担がないから大きなメリットがあるわけです。

このように、所有権にこだわりすぎたり、所有権を身内に相続させることにこだわりすぎて、いつまでも空き家のままになっていては、結局「ババ」を引くことになりかねません。なにも身内に引き継がせるだけでなく、若い人たちへ引き継がせることが、うまく世代交代でき継続できる街になり、資産価値が継続でき、ひいては自分たちの資産が維持できることになります。

定借コーディネーターの必要性

さて、このようなことは理論的には成り立ちますが、実際に実現させるためにはどうしたらよいのでしょうか。まず、コーディネーターが必要です。定借での賃貸契約は貸主と借主が将来に向けて継続するため、双方に十分な理解が必要です。将来、万が一、不測の事態があっても、しかるべき対応が必要です。

売買の場合は契約が成立して引き渡してしまえば、双方まったくの他人ですから完結できますが、借地契約は、期間が終わるまでは継続します。このようなことをコーディネーターが十分理解して説明しなければならないのです。

次に空き家予備軍に対しての啓蒙活動について述べましょう。私が思うには、今現在空き家になっているところは、先に記したような提案をしてもたぶん進まないと思います。しかしこれから空き家になるだろうという人たちは、かなり多いのではないかと考えられます。その人たちに対しては、当然ながら自分たちの後始末を考える必要と、近隣とのコミュニケーションを常に取りながら、街を活性化していく必要があります。それが、自分

たちの資産を守ることになると思います

「街中過疎」、「街中移住」

近年、地方の過疎化した街では、若い人たちの移住促進を役所あげて活動しています。「おらほの街」に住んでくれたら、格安の貸家を斡旋してくれたり、畑をタダで貸してくれたりしています。また、街コンの企画でお見合いパーティーが盛んです。『遠野物語』で有名な、岩手県の遠野市では移住してくれたら、馬1頭プレゼントしてくれるというユニークな企画をしていたこともあります。

それでは、中・大都市でのニュータウンではどうでしょうか。市とか町など大きな一つの街では人口の増減は少なくても、ミクロとしてのニュータウンでの人口減少は著しいわけです。しかし、住民たちは蚊帳の外の気分で何も対策はしていません。これでは自分たちの資産価値が減っていくことに気が付いていないのかもしれません。まさに「街中過疎」であります。

かつて、ニュータウンができたころ、そこへ人々は一斉に移住してきました。他県から来た人もいましたが、大半は市内各所からの人たちでした。「街中移住」であります。

こうしたことがあって、人が増え、街が発展し、活気があふれ、魅力ある街になっていったわけです。そして、不動産の価値も維持されてきたわけです。このバランスが崩れていくと、不動産の価値が薄れ、大きな損失を生むことになっていきます。

町内会一体としての対策、コミュニティの活性化

さて、ニュータウンがオールドタウンへ、そしてゴーストタウン化してしまうと、個人にも地域にも、行政にも大きな損失です。なんとしても阻止して、新たなニューフェイスタウンへ蘇らせることが、個人にしても地域にしても利益につながるわけです。

そこで、一個人としてではなく、町内会単位などで勉強会をしたり、啓蒙活動を継続し、常にコミュニケーションを取りながら、いざ空き家にせざるを得ないようになったときの情報伝達や、本人たちが空き家にする家のシミュレーションをイメージさせていくようにする必要があります。

さらに、ニューフェイスを受け入れることも必要です。街ぐるみで、移住者の促進をするべきです。

町内でアイデアを出し合ってみる必要があるのではないかと思います。

例えば、若い家族であれば小さい子供たちの面倒を町内会のおじいちゃん、おばあちゃんたちに見てもらう。ジジババ保育園みたいなものを作るわけです。こうして若い人たちを受け入れられる環境を作っていくことも必要ではないかと思います。

ニュータウンでの空き家問題は、「対岸の火事」では済まないのです。自分のところは、後継者もあり空き家にしないから関係ないと思う方がいれば、大きな間違いだと思います。空き家が増えて町がゴーストタウン化すると、不動産の資産価値はなくなり、ひいては自分たちの資産に影響するということを忘れてはいけません。

このようなきっかけで、近隣とのコミュニティを活性化する必要があると思います。

空き家対策は、一朝一夕でできるものではなく数年かけていく必要があるのではないでしょうか。

管理次第で、不動産価値は低下する

住宅を適切に管理したり、資産を増やすことも大事ですが、同時に資産を維持する工夫も大事です。なにもしなければ不動産の価値はどんどん落ちていくからです。

例えば、バブルの時代に2000万円の価値の不動産があったとします。バブルがはじけてそれが１５００万円に下がったとしても、厳密にいえば、創意工夫をこらして努力していなかったから、価値が落ちたとも考え得るのです。

本当の原因は簡単には特定できないものです。

あるいは、中古のアパートを２０００万円で売りたかったが、１５００万円に叩かれて売ったとすれば、それは管理を怠っていたために価格交渉で不利な状況に追い込まれたのかもしれません。

「壁の塗装が剥げているな」

「給湯器が古いな」

「駐車場がないな」

こんなふうに不動産の専門家は、物件の荒さがしをして、物件を安く買い叩いたりします。

安く買ってリノベーションして、より高い利益を生む物件に変えるのです。

ちゃんとした管理をしていれば、希望通り２０００万円で売れていたかもしれません。

あるいは斬新なリノベーションをしていれば、状況が異なった可能性もあります。

手をかけて物件を管理していないから、価格が５００万円も低下したのかもしれません。

建物だけではなく、土地にしても同じことがいえます。しっかりと空き地を管理していれば、雑草地になることはあり得ません。

当然、売りに出すときは、草も刈り、きれいな状態で販売しますから、いわゆる自分を高く売ること、それはある意味では「不動産加工」の成果といえます。

土地所有と利用の考え方の違い

定期借地権を利用してアパートや自宅を建てることに抵抗がある人に話を聞いてみると、たいてい土地が自分のものでないことにこだわりを持っています。

日本人は土地に対する執着が強い傾向があります。

その背景には、農地改革により大地主から農地を譲り受けた事情などがあります。その結果、異常に所有権にこだわるようになったのだと思います。どこからどこまでが、自分の土地であるという意思があるのです。

借地文化の強いヨーロッパでは、個々人が利用している借地上の境界意識が薄いように感じられました。土地より建物に対してのこだわりがあるのが感じられました。これと同じような感覚が定期借地ではしばしば見られます。次のようなエピソードです。

私のクライアントのAさんは、定借分譲地に自宅を新築した後、物置小屋を設置しました。ところが10センチほど隣の敷地にはみだしてしまいました。恐るおそる隣家に詫びに行ったところ、

「借地なので問題ありませんよ」と、気軽に言われたそうです。

これが、隣家が所有している土地であれば、そうはいかなかったでしょう。

それに長年同じ土地に住んでいれば、どうしても近隣とのトラブルも起きがちですから、借地に住んでいれば、定期借地権の終了と同時に、新しい土地で出直す機会にもなります。税制面も含め、借地は想像以上にメリットが多いのです。

今後、借地に家を建てる人はますます増えていくでしょう。

「不動産加工」の手法を全国に広げたい

町を歩いているとフランチャイズの食堂やコンビニがいたるところに目に付きます。

私は、ゆくゆく不動産加工という名前を広め、同じ目的を持つ業者の横のつながりを構築したいと考えています。街中に不動産屋はたくさんありますが、なかなか自分の知識だけで、適切な不動産加工をするのには限界があります。

そこで「不動産加工」という看板を上げた不動産屋を増やしていく。その看板を上げた店が、ユーザーの立場からしても、自分の不動産を活用するための窓口になります。不動産の手直しを思い立った時には、「不動産加工」の看板が上がった店へ行けば、適切なアドバイスが受けられる用意をしたいと考えています。

大手の不動産会社に不動産活用を相談しても、従来のアパート建築とあまり変わりませんが、「不動産加工」の看板がある店に行けば、一味違ったアドバイスを受けられるとなれば、利用者も増えるでしょう。もちろん相談の結果、旧来のアパート経営が適切という判断になることもあると思いますが、少なくとも幅広い選択肢があります。そういうシステム、仕組みを構築していきたいと考えています。

「不動産加工」の看板を上げている不動産屋さんが集まって勉強会を開くのも大切です。それによって新しいアイデアを構築できるからです。

この看板を上げているところには、信頼性があるというふうになれば理想的です。

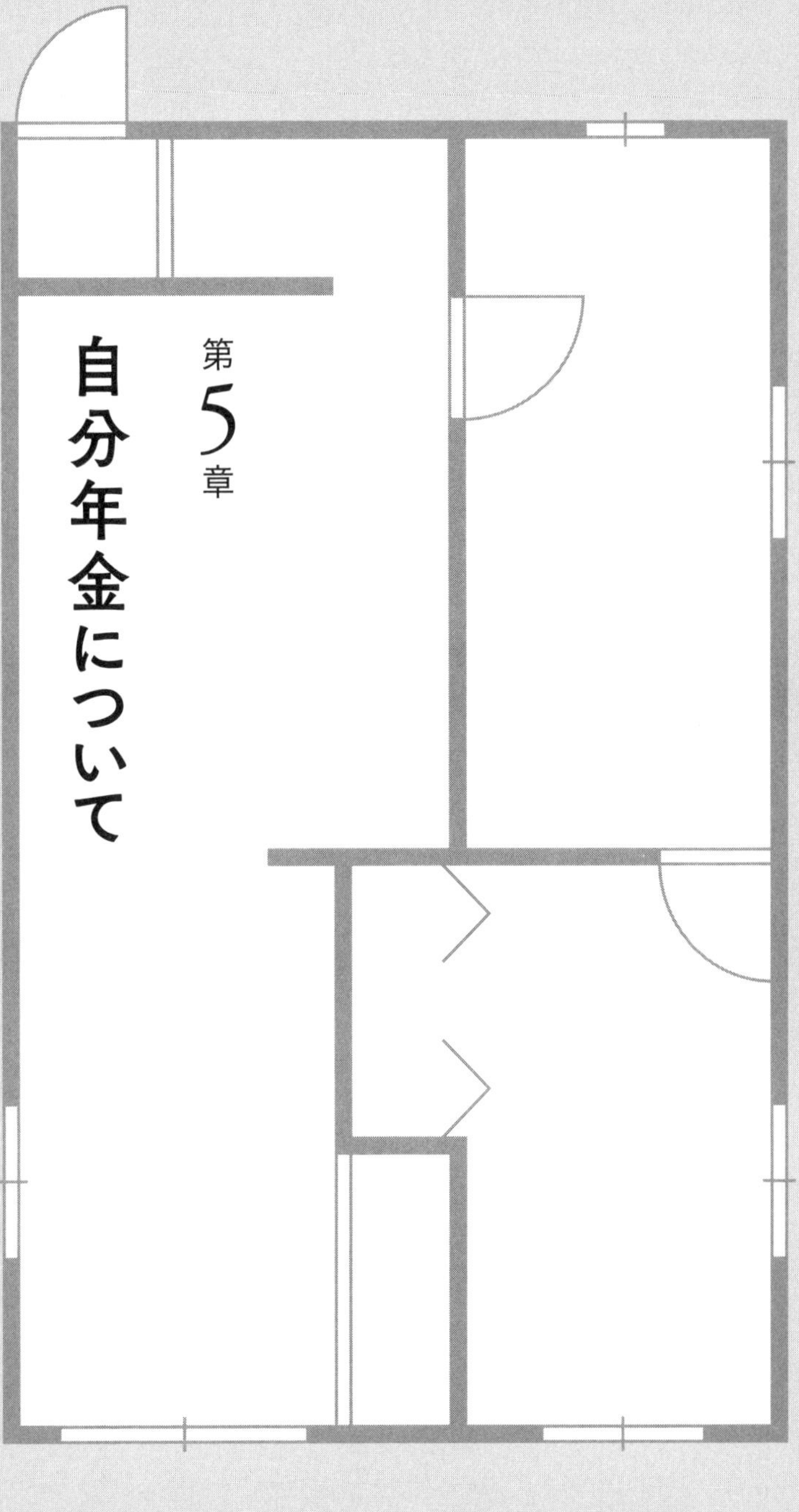

第5章 自分年金について

私が考えている自分年金づくり

私が考えている自分年金とは、単に収入を得るだけではなく、収入の裏返しに支出も節減するというものです。収入を得る手法は自分に一番合ったことを実現すればよいですが、支出を抑えることも自分年金と位置付けています。収入が限られていれば、支出を抑えるのは当たり前のことです。しかし、いつも節約ばかりしていると長続きはせず、それなりの反動があります。楽しみながら節約をしたいものです。

ここで私の趣味である畑づくりをご紹介します。

私は、毎年、約20坪程の畑を借りて、約30種の野菜作りを楽しんでいます。春先から畑を耕し、種や苗を植え、草取りなどの手入れをして、収穫をして新鮮な野菜をいただいています。自分たちで使いきれなければ、友人たちに差し上げ、喜んでいただいています。さらに、秋に収穫したものは漬物や、様々な加工をして保存して、冬場に食しています。

これらは、私流の支出を抑える自分年金です。夏場は、ほとんど野菜は買わず、自家栽培で間に合っています。これらを他人に押し付ける気はありませんが、私は楽しみながら、節約をしているところです。このように、何か楽しいことをしながら、節約したいものです。

ちなみに、毎日使っている光熱費や、保険などの見直しも必要かと思われます。

もう一つの自分年金は「夢を持つ」ということです。

私は仕事柄、老人ホームに携わることが多く、よく老人ホームを訪れ、入所者と話をしたり、観察をしています。その中で元気な人とそうでない人がいます。いくら歳をとっても夢や、楽しみのある人は元気がいいようです。

ある老人ホームのイベントとして、毎週一回、外国人の講師を呼んで英会話教室をやっている話を聞きました。特におばあちゃんたちに評判が良くて、皆さん楽しんでいるようです。その中に90歳になるおばあちゃんが、自分は英語が話せるようになって、外国旅行をするのが夢だといい、英会話教室が開かれるのが楽しみにしているようです。

自分年金の本質は、安定的な収入を得ることができ、楽しみながら支出を抑えて、そして常に前向きに、夢を持ち、生き生きとした人生を送ることです。

収入を得る

不動産収入や投資、株式、保険、貯蓄などによって公的年金以外の自助努力によって定期的な安定収入を得たいものです。また、自分自身に特殊な技術や資格を身に付けるというのも、長きにわたって、その技術や資格によって収入が得られることもあるのではないかと思います。

支出を抑える

前述した私の事例は別として、様々なことを考え楽しみながら、支出を抑えることをしたいものです。光熱費や、毎月かかる諸経費、保険、税金等も含めて賢い節約がしたいものです。そのためには、少しの知恵を絞ることと、努力が必要です。そうすることで、必要でない支出を抑えられるものと思います。

夢を持つ

歳をとっても、いつまでも夢を追い続けたい。それは誰しもの願いではないかと思います。やはり、全般的に見てみると、趣味や人付き合いの多い人は、いつまでも若々しく、精力的に行動しているように見えます。趣味や夢等は、いきなり定年になってから作れるものではありません。若いうちから、楽しみながら持っている趣味であるからこそ長続きするのです。

これからの時代に自分年金が必要なわけ

近年、老々介護で暮らしていた夫が妻を（妻が夫を）殺す事件がありました。息子が親の年金をあてにして暮らしながらも虐待……さらには、親の介護をするために、勤めていた会社を辞めて暮らし、それが負担になって、不幸な出来事が……。

連日のように新聞、テレビなどで騒がれています。何故、このような悲惨なことが起きるのでしょう。ずばり、経済的な事情が多いようです。

日本では、昔から親の老後、介護は子供がするのは当たり前、という風潮があります。そのため、親を老人ホームに入れるとなると、親類、近所の人たちから白い目で見られると言って、親にしろ子供にしろ、頑張ってしまう傾向があります。

また、核家族が進み、子供が面倒を見られないという現実があり、やむなく老々介護が起きていることもあります。特に経済的にそれほど余裕がなければ、他人に世話になることを避け、自宅で家族が介護をするしかないということになります。

さらに、同居している家族が、高齢者をいたわっているつもりで、草取りや軽い家事などの仕事までもさせないようにしてしまう家もあるようです。考えてみれば、昔のおじいちゃんや、おばあちゃんたちは腰が90度ぐらいに曲がっていても、草取りや畑仕事をしていました。このように、日常生活を変えてしまうことが本人たちを老化させ、家族を不幸にしているかもしれません。

そして、大変不幸なことですが、高齢者の自殺が多いようです。生きがいとか目標、夢などが持てなくなり、「生きる」気力をなくしてのことだと思います。やはり、高齢者であれ、若い人であれ、仕事や生きがい、夢を持ち、自然な姿で生活するのが一番良いと思われます。家族も本人もあまり頑張らないで、各種施設や老人ホームを利用するのがお互いの幸せかもしれません。いずれにしろ、若いうちから自分年金の意識を持ち、経済的基盤、そして夢を持ち続けたいものです。

国も本音では自分年金を推奨したいのでは

現在、国は毎年約1兆円の税金を投入しないと社会保障を維持できないといわれています。そのために、年金の受給年齢を上げたり、受給額を下げたり、医療保険、介護保険の個人負担を所得によって多くしています。また、消費税の増額や、他の税金を見直して税収を上げ、支出を下げることに躍起になっています。さらには、定年年齢を上げたり、企業によっては副業の禁止規定を緩和しているところもあるようです。これらはあくまでも想像ですが、少しでも長く働き、蓄えや自分年金を自助努力によってつくり、あまり公的年金などをアテにするな、というような動きに見えます。国自体、公に自分年金をつくりなさいなどと言えないため、いろいろと策を講じてくると思います。

不動産で自分年金づくり

不動産を活用しての自分年金づくり、収益を上げる方法としては、いろいろあります。土地を所有している人は、アパートを新築して経営したり、老人ホームの賃貸経営をしたり、さらにトランクルームや倉庫としての賃貸、太陽光発電などの売電事業なども考えられます。

これらは、立地条件やテナント先の確保、また、先行投資として相応の資金調達が必要であり、収支計画や事業計画を十分に吟味する必要があります。先行投資をしたくない場合は、駐車場として賃貸するとか、定期借地で貸地をする方法があります。

　では、土地などの不動産を所有していない場合はどうすればいいのでしょうか。結論を言えば、新たに収益物件を購入することです。その収益物件を購入するための目利きが必要です。もちろん資金調達の方法もあります。比較的に資金調達がしやすいのは、中古アパートを購入するケースです。しかし、これも資金計画や収支計画、立地条件、将来のメンテナンス等々よく見極める必要があります。

　また、土地を借地して、その上にアパートや老人ホーム等の収益物件を建てるという方法もあります。土地を購入する必要がないため収支効率が良くなります。それに借地料も全額、経費になり税務上も有利になります。土地に対しての固定資産税も必要としません。但し資金調達のための融資に苦労するかもしれません。借地のため、土地に対して担保提供は、土地所有者は承諾はしません。しかし銀行は土地に対しての担保提供を要求してきます。これらを何らかの方法で解決して、融資を受けるのにこぎつける必要があります。

　融資を受けた事例を紹介しましょう。一つは、別件担保という他の不動産を担保提供するという方法です。自分にそのような不動産が無ければ、親の所有している不動産を利用させてもらうことも必要になります。また、銀行から建物だけの担保提供だけで承認を取る方法もあります。計画する収益物件の事業性、収益性、将来性等が事業計画として十分な計画を立てることで、建物だけの担保提供で融資を受けることができることがあります。

現に私が賃貸している老人ホームはこのようなスキームで全額の融資に成功しています。

このように、不動産を活用した自分年金づくりには、いろいろな方法が考えられ、大きな可能性があります。但し、どのような方法であれ、多かれ少なかれ、リスクは必ずあります。そのために計画する前に十分に検討し、専門家の意見を聞いたり、自ら現地調査等をして納得の上で実施することが大事です。計画には、「こうなった時には、こうする」とか「ああする」という、二の手三の手まで検討すべきです。これらは銀行折衝するときにも必要です。

20代30代から始める自分年金づくり

不動産活用セミナーや不動産で自分年金づくりのセミナーの講師をしていると、大半が50代以上の人たちです。これらの人々は、自分たちの老後を考えても、今からではもう遅すぎるのではないかと、自分年金には関心が薄いようです。それよりも、相続問題や、承継問題に高い関心があるようです。それもそのはず、現にもう年金を受給している人やもうすぐ公的年金を受給する人たちであるからです。ですから関心が薄いのは当たり前のことだと思います。

しかし、いろいろな会合等で若い年代の人たちと話をして、自分年金の話をすると、皆、関心が高く、将来への危機感を持っているのが感じられます。若い人たちは今の高齢先輩たちが公的年金を食いつぶして、自分たちが高齢になって年金受給のころは、財源がなく、ほんの少しか、ひょっとしたら年金制度自体が廃止されているのではないかとの危機感を持っていますから、私の話を真剣に聞く姿勢が感じられます。

人は、危機感を覚え、切羽詰まった状態になると、思いもよらない力が発揮されます。いずれにしろ、これからは若い人たちが活躍する時代ですから安心できる環境が必要です。若い時から自分年金の考えを持ち実現することを応援したいと思います。このようなことを伝えるのも、経験者で高齢に近くなっている我々の責任ではないかと考えます。

自分年金をつくるには知恵があって、信用があって、勇気が必要

自分年金の必要性については、先に記したことでご理解いただきたいと思います。

具体的に自分年金を作る手段として、様々な方法があるでしょう。投資や株式、保険や貯蓄もその一つかと思います。そして私が推奨しているのは、アパートや老人ホームなど

の賃貸経営です。このような中で、経営する人にはいくつかの共通点があります。それは知恵があって、信用があって、勇気があるという共通点です。

例えばアパートの事例をご紹介しますと、乱暴な言い方をすると、アパート経営は、人のお金を使って建築をして（銀行ローン）、その返済は人に頼り（家賃）、そしてその差額を収入としていただくことです。ましてや、借地で経営をするとなると、人の土地（借地）ですることになります。

さらに、一括借り上げなどしてもらうと、本人は何も努力することがなく収入を得ることになります。このように、ともすれば少々批判的にみられます。しかしこのような仕組みで、現実に経営している実態です。これらを経営する人たちは、先に記したように、知恵があり、信用があり、勇気がある人たちです。もっともこの三つの要素を持っていれば、往々にして事業なり、資産形成でおおむね成功しているのではないかと思います。

この三つの要素の中で信用とか勇気とかは本人の資質によるものですが、知恵は本人がなくても授けてくれる人がいます。それも、信用のある人に集まってくるものです。

知恵とは、様々な人がいろいろな情報を持ってきてくれることです。その中で有効な情報を取捨選択できるのが知恵のある人です。また、自分で考え実践してみることでいろいろな経験を積み、知恵をつけることになります。

信用できるかどうかは、様々な情報が入ってくることでわかります。情報には良い情報と悪い情報があり、信用のある人には良い情報だけ集まってくるものです。また、いざというとき、資金が集まってくるのも信用がある証と言えます。信用とは、一朝一夕でできるものではなく、長年かけて積み重ねたものだと思います。

勇気とは、たくさんの集まってくる情報に対し、良い判断をして決断できることではないかと思います。この決断を早くすることが勇気だと思います。そして勇気のある人には更なる情報が集まってきます。つまり、金持ちは、知恵と信用と勇気があるから金持ちになるという言い方もできるかと思います。知恵があっても、信用がないか勇気がないことで実現できず、いつまでたっても貧乏から抜け出せないということになります

「肩車型社会」がやってくる

「胴上げ型社会」「騎馬戦型社会」「肩車型社会」という言葉を聞いたことがある読者も多いかと思います。これは過去、現在、未来の人口構成を表したものです。

「胴上げ型社会」というのは、圧倒的に多い若い世代が高齢者を守る人口構成を表していきます。胴上げの光景は、スポーツの中継でよく目にしますが、一人の選手をチームメート

全員で胴上げします。胴上げされる方は、天国にでも舞い上がるような気分でしょう。昔の老人はまさにそうでした。たくさんの子供や孫に囲まれて、悠々自適の生活を送っていたのです。

「騎馬戦型社会」というのは、胴上げとまではいかないまでも、数人で「馬上」の人を支えるタイプです。現在は、「騎馬戦型社会」です。改めて言うまでもなく、馬上の人は高齢者です。

さらに「肩車型社会」というのは、一人の国民が一人の高齢者を肩車する形を意味します。これこそが日本が近い将来に陥ると予測されているタイプなのです。

既存の年金制度が崩壊するのではないかという噂が流れたり、政府が消費税のアップを検討するゆえんにほかなりません。

こうした現象の是非はさておき、これから日本が高齢化社会へまっしぐらに突き進んで行き、「肩車型社会」になることだけは否定できません。

昭和50年の人口構成は「胴上げ型社会」で、平成22年になると、それが崩れています。ほぼ「騎馬戦型社会」になっています。

さらに平成52年には、日本の人口構成は高齢者が圧倒的に多くなると予想されています。典型的な「肩車型社会」にほかなりません。「肩車型社会」になるという推定の根拠については、本書のテーマではないので、次の通りに簡単に説明するだけに留めておきます。

まず、第一に男女とも平均寿命が延びている一方で、生涯未婚率が増えていることが挙げられます。生涯未婚率が増えることは、子供の数が減少することを意味します。

その反面、高齢者層が増えるわけですから、年代別の人口構成のバランスが崩れます。この原理を理解するだけで、日本がなぜ「肩車型社会」になるかが分かるでしょう。

政府は「肩車型社会」の到来に備えて様々な政策を打ち出していますが、それにどこまで期待すべきなのか不透明なのが実態です。最悪の場合は、年金制度は自然崩壊して、医療保険も個人が民間の保険に加入するという形になる可能性があります。当然、資金力のない人は、医療保険にも加入できなくなるかもしれません。

たとえここまで極端にはならないとしても、高齢者が国や行政によって手厚く保護される状況にならないことは、おそらく間違いありません。

中間層だけが老人ホームに入所できなくなる理由

その傾向はすでに顕著になっています。誰が見ても奇妙な現象が起こっているのです。周知のように既存の年金制度の下では、加入している年金のタイプや納金した保険料の総額、それに受給開始の時期などによって、支給金額が異なります。

平成22年度の段階では、９万円から11万円の支給額の層が最も多くなっています。年額にすると１０８万円から１３２万円です。ところが、私が在住している岩手県の場合を例にすると、老人ホームに入所するにあたり年額で80万円以下の収入しかない人に対しては地方自治体から一定の補助があります。

その結果、「80万円」層は老人ホームに入居できるが、それよりも高い支給額の層のうち、年収80万円を若干超える層が入居できなくなっているのです。

というのも老人ホームへ入居するには、年間で１５６万円から２４０万円（月額で13万円から20万円ぐらい）の資金が必要になるからです。

したがって年金の支給額が極端に低い人と比較的高い人は老人ホームに入れますが、中間層は入居できないことになります。

皮肉なことに、今、介護難民になっているのは、年金の受給額が中間層に属する人々なのです。この人たちは、国や家族のために一生懸命に働いてきた人々にほかなりませんが、安心した晩年を約束されていません。

このようなゆがんだ実態がある中で、自己責任が重視されるようになったのではないかと思います。自分の老後は、自分で守るべきだという考えが広がってきたのです。複雑な問題ですが、現実はこの通りなのです。

ちなみに現在の物価水準からして、月に10万円程度で生活できるでしょうか。かなり厳しいでしょう。特に都会で生活する人々にとっては、十分な支給額とはいえません。なんとか切りつめた生活をしても、大病で入院や手術でもすれば、出費が重なり、たちまち生活できなくなる可能性もあります。結局、自己防衛の策を取る以外に道はありません。

子供に老後の生活を頼れますか？

さらに私が自分流「自分年金」の実践を提唱しているもう一つの理由は、核家族化が進行しているからです。自分の子供に老後の世話をしてもらうという考えは、徐々に薄れていると言っても過言ではありません。

子供には頼りたくないという親も増えています。なるべく他人に頼らずに自力で生きるという価値観は、今後、ますます広がると思われます。が、それは経済基盤がしっかりしていることが前提条件になります。

私が子供のころは、子供が親の面倒をみることはいうまでもなく、地域社会に住む人々が互いに助け会って生活するのが当たり前でした。貧しい時代でしたから、共同戦線を張ることが生活の知恵だったのです。

田植えについて言えば、今は機械で田植えをやるので1人でもできますが、昔はみんなが共同で作業をしていました。今日はAさんの家の田植えをして、明日はBさんの家というふうに。ときにはみんなで宴会を開いてお酒を飲む。特に農村ではこうした傾向が強かったのです。

ところが高度経済成長の時代からは、核家族化が進み、共同体の意識も希薄になってきました。

私は住宅メーカーで働いていたこともあって、日本が好調な経済成長を続けていた時代に、次々と宅地が開発され、新しい住宅が建ち、町の様子が変化してゆくのを目の当たりにしました。ニュータウンの出現などは、まさに新しい時代、新しい価値観の象徴でした。

だれもかれもがニュータウンに憧れ、抽選で居住権を得るのは至難のわざでした。

しかし、時代の変化に伴って一組の夫婦がもうける子供の数も減りました。

子供を2人ぐらいにして、高等教育を受けさせようという価値観が広がってきたのです。さらにその後、バブル崩壊後の不況の影響もあって、少子化が人口の構成バランスを崩すことが問題視されるようになりました。

当然、高齢者の保護と介護をだれがするのかという難問と向き合わざるを得なくなりました。昔は兄弟が5人も6人もいたので、親の年金がたとえ数万円であっても、兄弟がそれぞれ負担を分担すれば、親を老人ホームへ入れることができました。ところが兄弟の数が減ると、それも酷な話になります。

支援する子供の側も経済的に大変だし、支援される親の側も心苦しい。なるべく世話になりたくない。

身内のあいだでさえも、このような葛藤が生まれてくるのです。

こうした状況にそなえるには、高齢者になる前に、対策を立てておく必要があります。だれも助けてくれない。それを前提にどう対処するのかを決め、実行に移すよりほかに道はないのです。

余談になりますが、長いあいだ会社に勤めていた方は、会社から給料をもらって、税金などの支払い手続きもすべて会社まかせでした。仕事さえしていれば許される恵まれた環境の下で働いてきました。その結果、例えば税金のことは何も分かっていないという人が大半を占めています。それが当たり前の思考になっているのです。

しかし、これでは駄目だと私は思います。何ごとも自分の頭で考え行動する習慣を身に着け、危機が近づいている時は、早い段階で対策を講じておくことが大事です。その意味で、自分流の「自分年金」を作ることは、自分の身は自分で守るという時代にあった価値観を身に着けていくことでもあります。

障害を持ったお子さんの将来を見据えて

私は、現役時代、営業としてアパートや老人ホームの建物を販売してきました。その中で、障害を持った人たちの施設やグループホーム、デイサービスなどを企画、建築してきました。このような障害を持った方の施設に携わり、様々なことを考えさせられたり、勉強をさせてもらいました。

こういった方々への国からの支援制度は現在、老人介護と比較すると、大変厳しい環境におかれています。まず、支援学校の数が少ない、大人になってからの施設、グループホーム、就労施設が行き届いていないなどです。両親は、受け入れてくれるところなどを必死に探しています。また、自分たちのモチベーションを保つため、母親の会などで活動をしています。自分が同じような立場であった場合、どうであろうかなどと考えるところです。そして、両親の目線で最も心配なことは何だろうと考えました。自分たちが元気で面倒を見られるうちはいいが、自分たちが年老いて、支援ができなくなった時、自分たちが死んだあと、その子供たちが一人になった時、どうなるのかを不安に思っているようです。兄弟や、親類等に託したいが、フォローはしてくれても、経済的なものはついてきます。やはり、最低限、経済的な基盤を持たせておきたいと思っているのではないかと思います。

そのためには「自分年金」を作っておき、必要な時期にその子供たちに、経済的なバックアップできる態勢を講じることが必要だと思いました。人は、高齢になったり、障害があったり、様々な生き方や人生を送りますが、やはり経済的基盤がある人には、人々が集まり、余裕が生まれ、良い人生が送れるのではないかと思うところです。

近年、障害を持った人たちが、芸術の世界や音楽の世界で活躍されています。喜ばしいことです。でも、このような才能を導き出している家庭は、往々にして、経済的にある程度裕福なところではないでしょうか。その子が才能を引き出してくれる人たちに出会うには、たくさんの人たちに触れ合う必要があります。様々なチャンスと出会うような環境を提供してあげ、実施できれば、子供たちに、夢や希望を持たせることができるものと信じたいものです。そういう面では現役時代に私は施設やグループホームの建設、開設等に携われたことは、大きな意義があったと思います。

「自分年金」の可能性は無限に広がる

自分年金についても不動産物件を活用する以外にも、もっと広い発想で捉えることもできます。私はたまたま自分が不動産の世界で生きてきたので、不動産加工によって、自分年金を作るノウハウを奨励しているのであって、何か他の方法があれば、それを試してみるのも一案です。不動産だけにこだわっているわけではありません。

例えば農業です。といっても農作物を売買して利益を得る農業ではありません。自分の家族が食べる野菜や果実をつくる家庭菜園めいた農業です。家族の食料を田畑から収穫できれば、スーパーで消費する食糧費を大幅に削減できます。その意味で家庭菜園も自分年金の一つです。

しかも、自分で作る作物ですから安全です。マーケットで売られているものには、どんな農薬が使われているのか分からないので健康リスクがありますが、家庭菜園の野菜は安全です。安全な食を自分年金だと考えても不自然ではありません。私の実家は北海道の農家でしたから、家族が食べる野菜は自分で栽培していました。そのため本当の野菜の味を知っています。スーパーで販売されているトマトとは、外見は同じでも味がまったく異なります。

本当のトマトの味を知っているからこそ、農業の大切さもよくわかります。農業を自分年金の一つとして当たり前に考えられるゆえんでしょう。今にして思えば、子供のころは生活の中には人間の知恵がありました。

実家が農家だったので、家族の食料は、自分の家の畑で作っていました。当時はスーパーなどありませんでしたから、人々は野菜を長期保存する方法を知っていました。冬の時期、穴を掘り、そこに野菜を入れ、わらをかけて土をかぶせる。これだけで野菜を保存することができたのです。農業だけではなく、私は趣味で燻製にも興味をもち、ハムやソーセージ、それにベーコンなどを作るようになりました。燻製により、保存ができるようになるので、これもまた生活の知恵と言えるでしょう。

こんなふうに自分の頭で考えることが、生活を改善する上で最も重要なことなのです。

誰もあなたの老後を守ってくれない

私が「自分年金」により、既存の年金に頼ることなく安定した老後生活を手に入れるノウハウを模索するようになったのは、不動産会社に勤務していた時代です。バブルが崩壊したあと、公的年金の支給を本当に受けることができるのかという社会不安が拡がりはじめた1990年代です。自分のテーマとして、老後の生活と「自分年金」について考えるようになったのです。

既存の公的年金があてにならないのであれば、対策を取らなければならない。何もしなければ、おぼれ死ぬ。そんなふうに考えると、自分自身の問題として本気で新しい土地活用の方法を模索するようになったのです。

しかも、それはサラリーマンにでも、知恵と工夫と努力によりできるものでなければなりません。それを提案できれば、一つの社会貢献にもなります。

というのも誰もが老後に対して同じような不安を抱えているからです。

「自分の生活は自分で守るしかない」

「国は本当に家族を守ってくれるのだろうか？」

「老後の資金がなければ、老人ホームにも入れない。介護難民になってしまう」

「最後は、のたれ死にするのでは？」

こうした不安に対して、先人たちの知恵を借りながら、現実的な答えを探すようになったのです。資産の運用といえば、もちろん不動産の活用だけではなく、預金から株式まで様々な種類があります。

一般論としては、投資のバランスを取ることが必要で、資産の3分の1は預金で、3分の1は有価証券で、3分の1は不動産で構成するのが理想的などと言われています。リスクを分散できるからです。

私はそれを否定する気持ちはまったくありませんが、自分のキャリアが、不動産設計や開発・売買でしたから、当然、不動産を活用したノウハウを世の中に広めることに関心がありました。

前述してきたように、不動産運用のノウハウには実に様々なタイプがあります。

そして、自らの実践や、様々な人たちに話し、理解を得たことが、進むべき方向と確信できたと思っています。またこれらはすべて、ノウハウとして蓄積しさらに多くの人たちに伝えていきたいと思っています。

第6章

不動産を所有する8つの責任

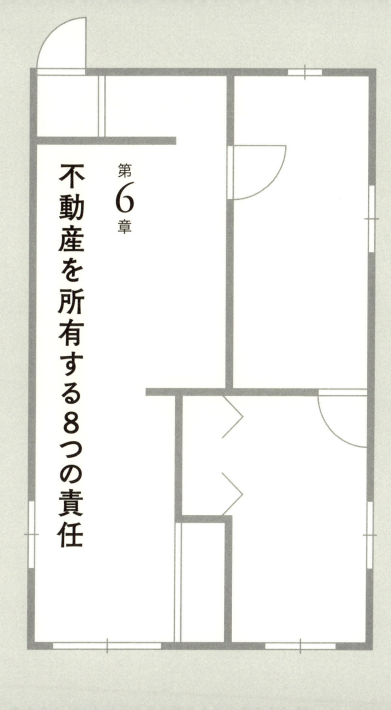

不動産を所有する責任とは

不動産を所有する人はそれなりに責任があります。例えば所有している不動産を管理する責任があります。管理を怠れば、他人に迷惑をかけてしまうからです。また、固定資産税等の税金を納める責任があります。これは所有者が未成年だろうが、女性だろうが関係なく、すべての所有者にかかる責任です。

これら以外にも不動産を所有する人には、次のような責任があります。

①使う
②活かす
③再生する
④向上させる
⑤節約する
⑥つなぐ
⑦後始末（前始末）

⑧守る

①使う

日本は国土の内、使える土地、使えない土地、使わない土地とに大きく分かれます。空き地や空き家、農地においては耕作放棄地、さらには山林の未管理地等があります。これらの土地には、それぞれ法律や、様々な複雑なしがらみで使えない土地になっている不動産もたくさんあります。

この中で使わない土地について注目してみます。

本来、日本の国土においては、不動産取引や建設等の経済活動によって、雇用、消費等、そして納税が行われています。一方で、不動産の保全活動により、環境保全や、災害を抑制する効果によって、安全を維持してきているといっても過言ではないと思います。所有者がこれらを実現できず、意識をしないことで、経済活動の停滞や、保全活動の停滞で災害等が起き、それぞれ他人に迷惑をかけているというのも大きな観点から見ると、そのように考えられます。

一方、不動産は所有しているが、その不動産を使えない人、不動産は所有していないが、もし不動産を持っていれば使える人がいます。この人たちをマッチングできれば、その不動産を使うことができます。もちろん、不動産を所有している人、所有していないが利用したい人にメリットがなければ成立しないわけです。

具体的に記すと、空き地や放棄地、空き家にしている場合、草は伸び放題、虫は発生する、空き家に至っては、ホームレスに住まわれたり、犯罪にも使われる可能性があります。近隣には大変不気味な存在になってしまうのです。

所有者たちは、ちゃんと税金を納めているから、人から後ろ指をさされることはないと思ってはいますが、近隣に迷惑をかけていることに気が付いていないわけです。また農地においても耕作放棄地が目立つようになっています。山林においては、間伐等の管理をしないことで、土砂崩れ等の甚大な被害によって、様々な関係者に迷惑をかけています。

このように考えると、所有者は空き地や空き家、放棄地にしていることで、経済活動や安全施策の妨げになっているといえるでしょう。この点を自覚することは大切です。

不動産を所有する人の責任として、その不動産を何らかの形で使う責任があります。もちろん、その不動産を適切に管理する責任もあります。

こんなとき、自分は不動産を所有してはいないが、いろいろな事業ノウハウ、資金調達ノウハウがある人に使ってもらえば先に述べた問題は大きく解消されます。このように、所有しているが使えない、所有していないが使える人をマッチングすることで、様々な問題点の解決や、経済発展、土地保全による災害防止策に貢献することができるのではないかと考えています。

話は変わりますが、毎年、不動産（土地）の公示価格が発表されます。㎡あたり○○万円とか、高いところでは大変な資産価値になります。しかし、この不動産の公示価格は売却した時にこれぐらいで取引になるだろう、と評価したものです。だからこれ以上で取り引きされても、これ以下で取引されても、基準とされる価格です。

ここで不思議なことに、土地の価格には数種類あります。固定資産税を算出するために決められた評価額、相続税や贈与税を算出するために決められた路線価、そして公示価格です。どうしてこのようにいくつもの評価基準があるのか疑問です。

話を戻しますが、公示価格、路線価、評価額等は、その不動産を売却した時にその価格が反映されます。売却しないで持ち続けている人にとってはどうでもいいことですが、それによって課税されるのにはいささか不満があるでしょうが、これは仕方がないことです。その価値ある土地を利用してその価値に見合うような収益を上げるのは、ごく当たり前のことです。

このように、土地という不動産は売却とか活用という、つまり「使う」ということで初めて価値が生まれてくるものなのかと考えます。

また、このようなことがあります。資金を調達するために、別件担保として、その不動産を提供するという場面がよくあります。このような土地の使い方は、あまり納得できない感じがします。それは、将来、その別件担保として提供した土地上に収益物件を造ろうとしたとき、先に担保を取っている相手から承諾をもらわなければなりませんが、なかなか承諾が取れない、さらには、収益物件を作る資金をなかなか調達できないのが現実だからです。また、貸家やアパート等を運営していて、入居率や家賃下落、ローン金利の上昇等によって経営が厳しくなるということも考えられます。そのようなことが起きたとき、他の不動産を売却して一部弁済して経営を立て直そうと考えますが、売却しようとする不動産が担保として抑えられていることで、うまくいかないことがあります。

不動産は使われて初めて価値が生まれてくるものを、担保というものによって使うことのできない不動産になってしまいました。要するに使えない不動産になっているということです。

不動産は有効的に使うことによって、様々なメリットが生まれてきます。それは自分自身の利益であったり、社会に対しての利益でもあります。そしてそれは同時に還元するという仕組みであることを認識する必要があります。

これは、不動産を所有する人の責任です。もし、責任を負いたくなければ、不動産を持たないようにすることです。

②活かす

日本の心である「おもてなし」の精神、「ご馳走する」という語源、相手に対して最高のことを考え、実践することで感動を与えようとすることと、私は理解しています。

料理の世界でも、日本人はその食材に手を加え、加工することで、最高の料理に仕上げて提供しています。

不動産の世界でも同じことが言えます。ただ、不動産は、長期にわたること、様々な分野（法律、税金、技術的要素等）が複雑に絡み合うことがあります。料理と同じように、加工することで、最高に仕上げるようにするという点では共通です。

例えば、アパートや貸家を専門的に販売する会社において、不動産の有効活用を相談したところ、最終的にアパートを建築することになりました。これは結果的にはメリットがあり、納得して決断したことであり喜ばしいことです。ここで水を差すようで恐縮ですが少々言わせていただくと、実は相談にいった時点でシナリオが決まっていたといっても過言ではないと思います。

もっとも、アパート経営については、素人でもできるように様々な一括借り上げなどの工夫がされていますから、建築する側から見ると安心して建築できるのです。

しかし、少子高齢化が進んでいる現代社会や、若者が地方離れをしている現状を考えるといろいろな疑問が生じることもあるのではないかと思います。

さて、どのような事業においても必ずリスクがあります。リスクのない仕事はないと思います。アパート経営においても、不動産会社が一括借り上げをしているから安心できるように思いますが、そんなことはありません。周辺で家賃下落が起きれば、いくら保証していても、当然ながら家賃引き下げの交渉が始まるわけです。

不動産を活かすためには、たくさんの情報、たくさんの実例、事例を見たり、研究する必要があります。不動産は様々な分野にかかわる専門的な部分があります。例えば税金のこと、取引形態、資金、法律、建築等。したがって総合的にプロデュースしてくれる人が貴重ではないかと考えられます。

しかし、プロデュースする、いわゆるコンサルと言われる人たちも、自分で見極めなくてはなりません。

不動産の売却依頼を受けても、単に情報を拡散していくだけの方法と、売却物件を、どのように、どういう人に、どのような使い方で売却するかなどをイメージして対処することもできます。

このように、不動産を「活かす」ためには相応の努力が必要であり、最高の活かし方を実現するのが所有者の責任かと思います。

③再生する

再生するとは、甦らせて、それを維持していくことと考えています。どうして再生しなければならないかと考えた場合、時代背景の変化や社会環境の変化によって影響されることが多いようです。例えばアパート経営をして20年30年が経過をして、周囲には新しいトレンディなアパートが建ち、しかも家賃が安い、設備も整っている。それによって自分たちが所有しているアパートは、家賃が下落する、入居率は下がるは「わやぁ」（北海道の方言）であります。

これではとても太刀打ちができないので、いつそのこと売却してしまおうかと思う人がいるかと思います。

以上のシナリオは当然のごとく起きることです。このようなことが起きてから行動するか、起きる前に対策を打つかということは、所有する人の責任です。

昭和40年代に始まったニュータウンは、いまやオールドタウン。これらも再生しなければ、いずれゴーストタウン化する可能性があります。もしゴーストタウン化すれば、その不動産の価値がなくなり、負債となり、個人、地域に大きな「つけ」を残すことになります。

今、その旧ニュータウンで何が起きているかといえば、不動産業者が買い取り、それを半分に区割りして、建て売りにして販売をしているのです。例えば当時80坪程度の分譲したニュータウンが半分に、つまり40坪の土地に建物を建てて販売しています。

元々、ニュータウンのコンセプトは、ゆったりとした土地に街並みのきれいな家を造り、後世へつないでゆくことで、その価値を維持していこうというものでした。それがわずか30年から40年で根本的な方向性が崩れてきたわけです。これらは不動産を所有する人のエゴであり、とにかく自分が所有する不動産を売り抜けようとする表れなのかもしれません。

では、これから30年から40年先には、また同じことが繰り返されることになるのかと思うと恐ろしいことと想像します。不動産の価値というのは、個の部分と、地域、環境等が相まって維持されるものです。これらの活用の仕方を否定するつもりはありませんが、このようにならないように街を維持していくことが、不動産を所有する責任です。常に維持していく努力をすれば、再生という概念はなくなるでしょう。

しかし、そうは言ってもニュータウンや中古アパートなど再生しなければならない不動産は不動産の世界ではたくさんあります。限られた資源の中で再びよみがえらせることの道筋を、不動産を所有する人が見つけ、次の代につなげる責任があるでしょう。

④向上させる

不動産の価値を維持していくためには、常にその不動産を向上させる努力と、工夫をする必要があります。さもなければ不動産は時間がたてば古くなるし、時代遅れにもなります。いくら最先端の建物を造ったとしても、古くなれば、新しいものとの間に勝ち目はありません。それでもそれなりの工夫をしていれば勝てるかもしれません。人間社会と同じです。その、「それなり」をする努力と工夫が必要です。それが向上させること、すなわち、維持することにつながります。

例えばアパート経営の場合、築年数が重なって、近年できたアパートと競合しても当然ながら勝てません。だから家賃を下げる、という繰り返しになっています。それを、リフォームによってオール電化にしたとします。ここからは実例ですが、当然、イニシャルコストはかかりますが、新しいアパートにも負けないくらい入居率が良くなりました。どうしてそうなるかというと、第一に、オール電化によって、家賃とランニングコストのトータルコストが下がったからでした。先にもお話ししたトータル家賃という考え方です。

当然、初期投資がかかったためそれを家賃に反映させます。つまり家賃を値上げします。しかし、光熱費はオール電化にしたことで、今までのガスエネルギーと比較して大幅に下がりました。

第二に、個人住宅のオール電化率の普及により、そこで育った子供たちが独立した時、使い慣れたオール電化アパートを選ぶようになったことがあります。

第三に、オール電化によりクリーンな生活ができるようになったことがあります。近年のアパートはシステムキッチンなど、見せるキッチンスタイルになってきています。そのようなファッション感覚なアパートではオール電化できれいな部屋を演出したいとの表れです。

このようなことが入居者から支持を得たのかもしれません。建物が古くなっても工夫と努力次第では、それなりの向上をさせることができるものなのです。

メンテナンスは重要です。「一度釣った魚には餌をやらない」という考えでは時代についてはいけなくなります。常に、メンテナンス、リノベーション等を考え、計画的に実施したいものです。それゆえに不動産を向上させるということは、長期間にわたり、維持できるようにすることなのです。決して衰退させない、あくまでも維持をしていく、それがその不動産の価値であり魅力なのです。価値あり、魅力あるものは繁栄していく、だから向上させることは、不動産を所有する人の責任なのです。

⑤節約する

節約とはずばり節税のことです。不動産にかかわる税金は多くあります。

例えば、固定資産税、都市計画税、売買や賃貸した時にかわす契約書に添付する印紙税、取得した時にかかる取得税、登記する時には登録免許税、不動産から収入があった時には所得税や住民税、さらには事業税もあります。そして資産が多い方には相続税が重くのしかかってきます。

これ以外にも税金があるかもしれません。また将来不動産を対象にした新たな税制が生まれるかもしれません。何かにつけて不動産を所有する人は、高額所得者とか富裕層と位置付けられ課税の対象になっています。

前述した不動産を多く所有している人からは、不動産はあるが、現金という資産はあまりないという声が多く聞かれます。もっとも地方においては区画整理がされたことにより、今まで農業をしていた人が、区画整理によって不動産評価が上がり、いきなり不動産資産で資産家になり、様々なところから売却依頼や土地活用、銀行から資金融資のお誘いがあった例もあります。

中には詐欺まがいのこともあるように聞いています。一代でにわかに財をなした資産家は苦悩されているだろうとも想像します。しかし、現実のこととして所有者はこのような事態を克服して生き残っていかなければなりません。区画整理によって農業という職業を奪われてしまったら、新たな職業を作らなければなりません。それが土地を活用した有効利用です。また、自分の意志ではなく資産が大きくなったことで税金の負担が重くのしかかってきたとか、将来相続が発生した時に相続税の節税対策をしなければならないとか、自分が好むか好まざるかは別として、対処していかなければなりません。

いずれにしても、不動産を所有することで様々な支出が発生します。

それらを賢く、あくまでも合法的に節約する必要があります。それが所有者の責任です。ちなみに具体的な節税方法を書いてみます。

固定資産税はその土地上に住まい（住宅、貸家、アパート）を建てると更地の固定資産税から6分の1に、都市計画税は3分の1に軽減されます（200㎡／戸まで）。また、相続税は、資産総額から債務（借金）を差し引かれたものに課税されます。

例えば、所有地にアパートを建てた場合、それによって相続が発生した時、

土地の評価額	5000万円	4500万円
建物　建設費	1億円	5000万円
借金	1億円	△1億円
		△5500万円の評価減

ということになり、更地の状態では、相続対象額が5000万円だったのが、その土地に借金をしてアパートを建てた場合、結果的にマイナスの5500万円の評価減になります（概算）。これを他資産から引く。このようにして、相続税の節税が図れることになります。しかし、長生きすると借金が減っていき、当初見込んでいた節税効果は変わってくることは知っておかなければなりません。

その他、不動産にまつわる節約は考えればたくさんあります。アパート経営において、

メンテナンスや修繕、除草や防虫等を業者任せではなく、自分でできれば大きな節約を図ることができます。

このように様々な工夫で、あくまでも合法的に、そして自らの努力で節約することが可能になります。

⑥つなぐ

不動産は基本的に消滅することはなく、確実に次の代に継承されていきます。しかし、今の時代、少々事情が変わってきた様子があります。まず相続です。旧民法によると相続については家督が継ぐことが認められていました。つまり家督になった場合、その家督が資産を全部引き継ぐことになっていたのです。

それによって、相続後はあまりもめることはないと言われていました。近年における相続は、相続人全員が平等に相続を受けられる権利があります。

このことによって、兄弟間、身内関係の争いごとが多くなってきています。また、少子化によって子供の数が減っていることや、相続を受けた農地や山林等が放棄地にもなってもいます。さらには被相続人の借金によって、相続放棄という現象も起きています。相続税の課税強化によって、先祖からつないできた不動産をやむなく手放すことが余儀なくされています。このようにいろいろな問題があります。

課税や法律の問題はどうすることもできませんが、一番悲しいのは、兄弟、身内同士の争いごと、つまり、「争続」です。このことを事前に予期し予防しておくことが、現所有者の責任です。もめごとを100%なくすことはできないが、極力抑えられる手立てはあります。

一般的に、資産家は3代続き何も手立てをしなければ、皆平等になるといわれています。そのような税制なのでしょう。だから、様々な節税対策をとっているわけです。

資産家は、その資産を守り、次につなげるために資産を増やしています。相続が発生したとき、先代が増やした資産を売却等して納税し、元々の資産を残していきます。これを繰り返しているわけで、やはり、資産家は資産が維持されたり、増える構図になっており、資産がない人は、永遠に資産のない人という風に分かれているようです。もっとも資産のない人は余計な悩みをもつ必要もなく、しがらみもなく、幸せなのかもしれません。

以上のように、好むか好まざるかは別として、不動産を所有する人の責任は大きいのです。

⑦後始末（前始末）

日本における家族は、一族としてのつながりで成立していました。本家があり、そこから分家され、さらにその分家が本家となり、分家ができるというように大本家が一族の長となり、絆が、結束と秩序で保たれてきたのです。戦前まではこのような家督制度がありました。しかし、戦後、新しい民法のもとに家督制度が廃止され、相続人はすべて平等という形になり、それによって一族から一戸、一戸の家族になっていったのです。

いわゆる、核分裂のごとく核家族が増えていったのです。この核家族によって経済は飛躍的に成長していったのです。それが日本における高度成長の始まりでしたが、大きな「つけ」を作ったのも事実です。家族、一族とのつながり、結束もなくなり、親戚、いとこ同士もまったくの他人と化していったのです。もっとも、実の兄弟でも相続等により争いごとが起き、他人よりも希薄な関係になっている実情もあるようです。

また、近年における少子高齢化の問題も、このようなことから始まったのかもしれないと思います。

核家族になろうと家を飛び出した子供たちは、自由を求め、誰からも干渉されず、自由な生き方、家族を作りたいという思いだったのではないかと思います。それはそれで、自分の責任で大変けっこうなことだと思います。核家族、新しい家族を作り、新しいマイホームを造り、子育て、老後、介護、そして相続とつながっていく。この親の時代に造ったマイホームや他の不動産を、自分が死んだ後、子供たちにその解決を、放り出してしまっているという現実があるのではないでしょうか。

その最たるものが空き家問題です。空き家になる要因は様々ですが、問題先送り、つまり子供たちや次の代で解決をさせようとしているものだと思います。

元々、自由や、楽しい家族像を求め、核家族化していった人たちではありますが、それなりの責任と覚悟をもった決断であったものだろうと思います。

それが、自分たちが年老いて、所有した住宅や他の不動産を放置して空き家や空き地にしておき、次の代に問題の解決をゆだねるというのは、あまりにも無責任な生き方ではないかと思います。

しかし、現実には、年老いての先々のことに気を取られ、目の前の問題はあまり考えたくないというのが本音ではないかと思います。不動産を所有するために起こる問題は、自分の生きている間に解決するか、解決の道しるべを示して次の代に確実につなげる責任があると思います。

これらのことを考えた場合、不動産を所有する人たちの責任として、残務処理、つまり後始末（前始末）をすることが不動産を所有する責任なのではないでしょうか。

⑧守る

不動産において、守るということはたくさんあります。守るということはトラブルを起こさないことです。例えば、境界問題はもめるケースが多く、昔は土地を測量するのに、メジャーで計っていたものです。メジャーというのは測量する人によって、誤差が生じることがありました。しかし近年は、機械測量やGPS等によって、寸分狂わず測量されることで、先に測量した寸法と誤差が生まれ、隣人同士でもめているということが、多々あるようです。

また、先に記したように、使う、活かす、再生する、向上させる、節約する、つなぐ、後始末、これらはすべて不動産を守るための努力です。では、これらのことを実施するのは所有する人であり、決して身内や他人ではありません。これが不動産を所有する人の責任なのです。

第7章

資金を調達する

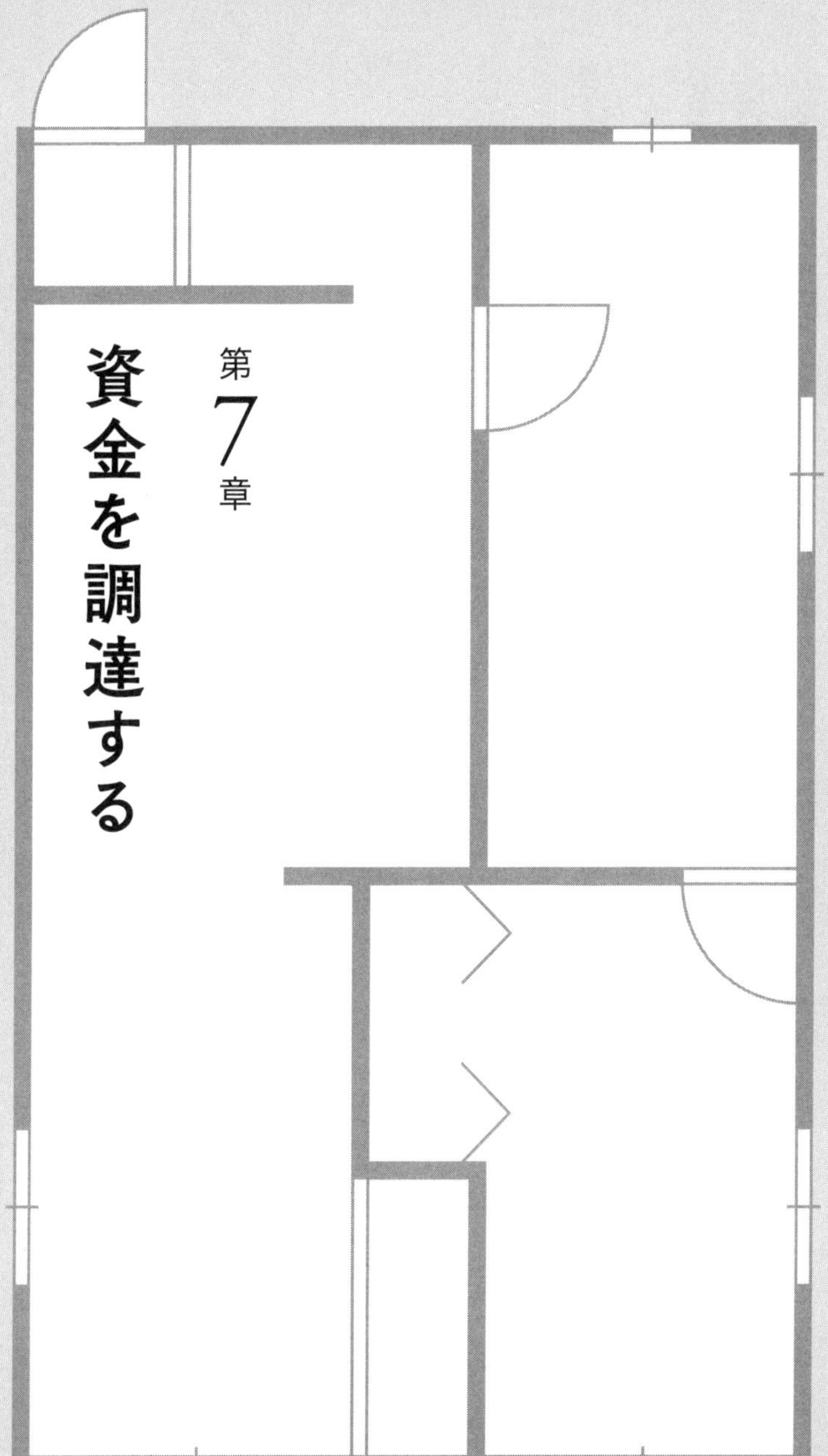

銀行の上手な使い方

銀行から融資を受けることは、リスクを軽減することにつながります。

Aさんが C さんという資産家に新しいアパートを建てる提案をしたとします。

この場合、最終判断をするのは C さんですが、仮に A さんが詐欺師だとすれば、C さんは騙されるリスクがあります。

しかし、C さんが A さんの説明を聞いた後、自己資金を使うのではなく、銀行から融資を受けることに決めたとすれば、銀行が介在してきます。

当然、銀行は融資審査の段階で、A さんについても調査を行います。A さんが怪しい人物かどうかを調べるのです。

その結果、C さんは銀行からの情報により、投資話や投資を持ちかけた A さんについて知ることになります。詐欺に引っ掛かる事態を回避できます。

このように、詐欺に巻き込まれるのを避けるためにも銀行から融資を受けて資金を準備するのが原則なのです。

実際、詐欺の被害者は、ほとんどの場合がこの原則を守っていません。

20%の利回りで5年で投資を回収できるなどというトークに騙されてしまいます。銀行はこのあたりのことを専門的に調査します。

そのためにかえって自己資金に乏しい人の方が、銀行から融資を受けざるをえないので、むしろ騙されるリスクが少ないのです。

銀行が「ノー」と言った場合、その話は基本的にうまくいかないと考えて間違いありません。

かりに事業が失敗した場合、最も損害を受けるのは銀行ですから、銀行は厳重な調査を行います。それゆえに信頼度が高いのです。

銀行は何を基準に融資を決めているのか？

私もこれまで銀行から融資を受けて事業を進めてきました。

アパートを建てる場合などの融資審査には、チェックシートがあるので比較的短期間で結論がでますが、定期借地権を利用した介護物件のスキームなどは、銀行の理解を得るまでに苦労を重ねました。

定期借地権を利用した老人ホーム経営のスキームとは、すでに説明したように、地主から土地を借り、そこに老人ホームを建て、介護事業者に施設を運営してもらうというものです。

この場合、銀行が担保に取るものは建物しかありません。

したがって従来の銀行の方針からすれば融資の対象外です。実際、当初私は老人ホームの建築に必要な資金の融資は、ことごとく断られました。

いろいろとその原因を考えましたが、結局、銀行が私の提案した定期借地権を利用した理論がよく分かっていないからではないかと考えるようになりました。

銀行がわけの分からないものに対して融資するはずがありません。中身がよく分からないものに対しては、「ノー」というのがむしろ当たり前です。

そこで私は銀行の関係者を集めて勉強会などを開くようになったのです。

私は必要な資料を綿密に作成し、銀行に「ノー」と言わせない状況を作ったのです。その結果、ようやく定期借地権を活用したプランであっても、融資してくれるようになったのです。

建物しか担保に取れないのに銀行が融資してくれる状況は、数年前まででなければ、考えられませんでした。かつては担保となる土地がなければ、なかなか融資をしなかったのです。リスクを分散化するスキームが理解されたからこそ、融資するようになったのです。

結局、事業が成り立ち、リスクが少ないと判断すれば、銀行は融資に応じてくれるのです。それでもまだ、事業計画だけで銀行から融資を受けるのは決して簡単ではありません。それゆえに、やはり専門家に相談して戦略を練るのが得策といえるでしょう。

ちなみに私が銀行を説得する際に明確にした項目の一つに、事業者が失敗した時のリスク管理があります。失敗した場合、通常は担保を売却して資金を回収します。それゆえに十分な担保がなければ、融資がなかなか受けられない状況があったのです。

しかし、住宅やアパートであれば売却できても、老人ホームを買いたがる層は限られています。それは介護の事業者です。逆説的に言えば、老人ホームを買いたい人の層は極めて明快に分かるのです。

私は、このようなことから、たとえ建物しか担保に取れなくても、万が一のことがあっても、それを引き継がせる事業所を探すのは容易なものであると説明したのです。

その結果、土地を担保にできなくても融資してくれるようになったのでした。

新規事業者に対し、銀行は融資するにあたってどう思っているか？

私は、まったくの新規介護事業者の法人立ち上げから、資金調達などを何件もお手伝いしてきました。法人を作ることはさほど難しいものではありませんが、銀行から資金を調達するということは相当難しいものと考えた方がよいのかもしれません。それも介護事業で、新築資金の数億円や事業資金の数千万円の資金融資を新規事業者に融資するということは、普通ではまずできないだろうと思います。

銀行は、新規申し込みの事業者に対して、過去3年分の決算書を求めます。そこで赤字でもあれば、ほとんど融資は厳しいと考えます。つまり、過去の実績主義の考え方です。さらに、担保と保証人です。そして、総事業資金の一部、1割とかの自己資金を要求してきます。

その自己資金ですが、それを出したからといって、全体の事業計画には大きな影響はないにしても要求してきます。実はこの自己資金の要求は、銀行から見て、その申込人の事業に対しての覚悟を試しているようです。真剣に事業をする覚悟があれば、要求された自己資金を、親や親類に対して頭を下げてでも借りてくるでしょう。これはこれで、ある一面から見ると正しいことですが、すべてに通用するものではありません。近年は担保や保証人、自己資金よりも、事業計画や時代背景などを重視して融資決定する事例が増えてきています。現に私自身が融資を受けた際は、土地が借地上（担保提供ができない）の建設費全額の融資を受けることに成功しています。

現役時代に、このような銀行融資を成功させた事例をご紹介します。

当時、3件の介護案件を抱えていて、全件資金調達を依頼されていました。1件は土地を借地して老人ホームを建てる人、2件目は、土地を購入して老人ホームを建てる人、そして3件目は、自己所有地に老人ホームを建てる人でした。この事業者は3件とも事業計画もマーケットもしっかりした計画ができていました。そのなかで一番厳しいのが土地を借りて老人ホームの融資でした。そこで私は1件1件という考えではなく、3件を一括でという考えで金融機関の本部での交渉をはじめ、見事、3件とも融資の取り付けに成功をしました。

実は、この中にいくつかのキーワードがありました。一つは、3件まとめてというボリュームを作ったこと。そして、本部との交渉をしたこと。銀行は支店単位の営業展開をしているため、いくら3件の案件があっても、自分たちのテリトリーの案件しか見えないため、普通の審査しかしません。しかし、本部となれば、銀行全体のことを考えるため審査に対して有利に働くことが考えられます。私は一番厳しい案件を持ち出し、この案件を通してくれれば、全案件をお願いします、ダメであれば、全件他銀行に持ち込みますと宣言をしたのです。見方を変えれば、脅迫をしたのではないかと、少々反省をしています。

いずれにしても、金融機関の本質を見極め、お互いに妥協点を探りながら交渉する技術を持つことも大事かなと思います。

物件を買う時は自己資金ではなく銀行からの融資で

何か事業を始めようとするとき、ほとんどの人は当然、それに先立ってお金を計算します。自己資金が1億円になれば、それを使ってアパートを建てるというように。

しかし、私は自己資金を使って何かをすることはお勧めしません。

新事業を計画したい時は、たとえ十分な自己資金があっても、銀行の融資を受けることをお勧めします。

投資資金の全額を自己資金から調達するのは、基本原則からはずれています。

あくまでも銀行から融資を受けることを前提とした計画を練るべきです。というのも銀行から融資を受けるプロセスの中で、事業についての銀行のアドバイスを受ける機会を得るからです。

銀行は誰に対しても融資をするわけではありません。融資を申し込むと、計画している事業の採算性などを詳しく調査します。アパートを建てる計画を立てて融資を申し込んだ場合、マーケットの状態はどうだとか、入居率が半分になった時にどう対応するかとか、さらには、建設会社の信用度なども教えてくれます。

銀行なりの目線で審査して、融資を決めたり断ったりするわけです。

もちろん銀行の判断をそのまま鵜呑みにする必要はありませんが、専門家は別として、一般の人が投資を計画したにもかかわらず、銀行の融資審査に落ちた場合は、撤退した方が無難といえるでしょう。

銀行が融資してくれれば、事業が軌道に乗ったときに、自己資金がある人は、それを使って早めに融資を返済すればいいだけの話です。

極めて単純な理屈にほかなりません。

駐車場を担保に、資金を調達して別なところにアパート

Dさんの家族は父（85歳）、母（83歳）という両親と、本人、奥さんの4人家族です。お父様の体調が思わしくなく、相続税対策についてもなにか計画しなくてはと考えていた矢先、Dさんの一家にあるトラブルが起こります。

駐車場用として貸していたパチンコ屋から、地代の滞納が半年以上続いたのです。パチンコ屋は倒産寸前のようで、双方合意のもと駐車場用土地の契約解除を行いました。その後パチンコ屋は倒産し、滞納地代の回収は絶望的になってしまいました。

そこでDさんは相続税対策に駐車場をアパートにすることを考えたのですが、そこにパチンコ屋が「駐車場を使えなくなったから、その影響でうちは倒産したんだ」と言いがかりをつけ、損害賠償の訴訟まで起こされたのです。

おかげで、この土地は塩漬け状態になり、相続税対策として計画していたアパートの建築にも手をつけられなくなってきました。それでも固定資産税はかかってくるし、裁判は長引きそうだしと、八方ふさがりの状態になっておられました。

そこで私からこのような提案をしました。アパート建築を予定していた土地は確かに使えなくなってしまいましたが、その土地を担保に資金を借りることはできます。ここは、その資金で定借地を借りてアパートの建築を進めましょうと。

この方法で計画通りアパートができあがり、大きな節税ができたと喜んでいただけました。また3年かかったものの、裁判はDさんの全面勝利で終わりました。その土地にも、アパートを建てていただくことになりました。

このように、たとえその土地を直接使うことができなくても、ちょっと発想を切り替えるだけで、有効利用することができるのです。

区画整理入り路線評価が上がり、土地の利用ができなかったが……

Bさんは市街化区域で農業を営む農家でした。前出のDさんと同じく、お父様がご高齢で、しかも病を患っていました。

市街地区域では、田や畑として使っている土地にも路線価がつきます。つまり、もし相続するとなれば、その土地は宅地並みに評価されるので、それだけ相続税も高くなるわけです。

私は最初、農地を一部開発してその上にアパートを建てるという方法を提案しようと考えていました。

ところがBさんの土地は、一帯が区画整理に入ることになり、自分の土地とはいえ、自由にできない状況になってしまいました。しかも、区画整理が完了して土地が自由に利用できるようになるには、いまから約5年かかるとのこと。

お父様の容態も思わしくなく、しかも土地は自由にならないという二重苦の状態でした。

そこで私が提案したのがDさんの事例と同様の方法です。区画整理予定に入っている土地を担保に資金を調達して定借地を借り、そこにアパートをつくったのです。相続税の対策もでき、Bさんには喜んでいただきました。

おわりに

不動産は、大きな見方をすれば様々な使い方、利用の仕方がありますが、同時に本文に書きましたように所有する人には8つの責任があります。しかし個々のことになるといろいろな事情や、複雑な問題を抱えてきますから一概に方程式があるわけではありません。

それゆえに、早いうちから問題が起こらないような意識を持つことが大事です。そして総合的にコーディネートする必要があります。そのために、不動産を所有する人や不動産に携わる人たちは、不動産を加工する技術が必要とされると考えます。

これらのことを、間違えたり、方向違いをしたことにより、大きな損失になったり、争いごとが起きることになります。知らなかったで済まされるものではないことが起きるかもしれません。

きています。

■自分年金づくりのために企業が副業禁止規定を緩和し始めている

ちなみに近年、企業における就業規則においての副業規則の規定が緩和されてきています。

これは、様々な社会状況の変化に伴う改定と思われます。優秀な社員の引き留め策や、ワーキングシェア等による個々人の所得の減少等を解消させようとすることが予測されますが、その中で、将来の公的年金の不安や、企業としては将来の企業年金等を含め、あまりあてにされても保証できないかもしれないから、自分の身は自分で守りましょう、と現職の内に本業に支障をきたさない範囲で副業を認め、将来の自分年金を作りなさい、というメッセージなのかもしれません。

あまり、国や企業に将来を頼りすぎないように促しているのではないかと思います。副業によって収入を蓄え、将来の自分年金を積み立てたり、また副業で得た収入を消費することで経済が活性する、などが考えられますが、国からの暗黙の導きなのかもしれないと推測するところです。

現実にこのような方向へ進んでいくのだろうと思われますので、今後の自分の方向性を決める判断材料にしてください。

不動産の終活

話は変わりますが、近年、「終活」という名の元で「不動産の後始末」という意識が一部で強まっている感があります。

私のクライアントの事例を2件紹介します。

まず両親が亡くなり数年間空き家にしている家を整理していきたい、という話をいただくことが少しずつ多くなってきております。両親が住んでいた家の整理というものは大変でして、家の中の物の処分、仏壇、位牌等の適切な処置、建物の解体、若しくはリフォームをして売却、賃貸などにしていきます。これらを本人が遠くに住んでいるとなればとても一人ではできないことであることから、専門家に依頼することになります。

もう一つの事例として、私が現役時代にアパートを建築していただいたお客様で、自分も80歳を超えたので、このアパートを処分したいとの依頼を受けたことがあります。2人の娘も嫁いでいき現在は2人の生活で、いよいよ終活というものを真剣に考えてのことでした。

アパートを残して娘たちに継がせるというのも選択肢ですが、かえってわずらわしさを渡す結果になるのではないかと考え、自分たちの代で処分をして、後始末をしようという考えでした。しかも、まだ自分たちの頭がクリアでしっかりとした判断ができるうちに、ということでした。

今、起きている空き家問題も、この後始末を怠ったことで後々に「つけ」を残している訳であります。今後このような不動産の終活が活発になるのだろうと思います。

不動産について語り出すと話は尽きませんが、本書がこれからの不動産利用や、事前に問題が起きる前に手立てをしていただく参考になれば幸いに思います。

2017年10月

齊藤正志

不動産《ふどうさん》を「加工《かこう》」する技術《ぎじゅつ》

2017年11月20日　初版第１刷

著　者――――――――齊藤正志《さいとうまさし》

発行者――――――――坂本桂一

発行所――――――――現代書林
〒162-0053　東京都新宿区原町3-61　桂ビル
TEL／代表　03(3205)8384
振替00140-7-42905
http://www.gendaishorin.co.jp/

ブックデザイン――――藤田美咲

印刷・製本　㈱シナノパブリッシングプレス
乱丁・落丁本はお取り替えいたします。

定価はカバーに
表示してあります。

ISBN978-4-7745-1672-1 C0034